自由教育の名言に学ぶ

子どもは一瞬一瞬を生きている

学校法人きのくに子どもの村学園長
堀真一郎 著

黎明書房

まえがき

きのくに子どもの村学園は、二〇二三年現在、和歌山、福井、福岡、山梨、長崎の各県に小学校と中学校を一校ずつ、そして和歌山には高等専修学校を運営している。ある日、そのうちの一つ、山梨県の南アルプス校への見学の人から、遠慮がちにこんな質問を受けた。

「子どもさんたちが実に生き生きと活動しているのを目にして感動しています。……（中略）……こんな質問は失礼かもしれませんが、学力の方は大丈夫でございましょうか。」

子どもの村は「プロジェクト」という名の体験学習が中心の学園である。教科書中心の学習を退け、子どもたちの興味と自発性を大事にして、広く深い学びを目指しているのを皆さんご存じだ。だから「学力は大丈夫か」とか「高校に入ってから困らないか」といった質問は、普段はほとんど出ない。

「どのように答えようか」と思案していたちょうどその時、一人の卒業生が通りかかった。進学した高校が振替え休日なので遊びにもどってきていたのだ。私は「わたりに舟」とばかりに声をかけた。

「ねえ、ちょっと、りこちゃん。高校の勉強で困ってない？」

りこちゃんは即座に答えた。

「あのね、堀さん、高校の方が、ずーっとラクなんだよ。」

「へえ、高校の方がラクなの？　どうして？」

「だって、高校ではね、先生の話を聴いていれば、それだけで済むもん。でもね、子どもの村の中学校の時は、メチャクチャ忙しかった！」
先生の話を聴いていれば済む。このことばは、通常の学校の授業の本質を見事に言い当てている。学校での学習とは、教師が知識を子どもや生徒に伝達することとほとんど同義ではないだろうか。

かつて大阪市立大学に在職していた頃、「教育思想史」という講義の最初に学生たちに「学校」ということばから連想するものを列挙してもらった。結果を整理すると、ほぼ毎年のようにトップ3は「先生」「授業」「教科書」であった。それに続くのは「テスト（または試験）」、「黒板」、「ともだち」、「クラブ活動」、さらに「ねむい（つらい）」「いねむり」なども必ず上位に顔を出す。

これをひとことでまとめると、学校というのは「先生が教科書や黒板をつかって既成の知識や技術を子どもたちに伝える施設」ということになる。

私が三十数年前におこなった小学生の生活実態調査では、「学校でいちばん楽しいのは何ですか」という質問に対して「勉強（授業）」を選んだ子は、農村地帯でわずか五パーセント、大都市にいたっては二パーセントにすぎなかった。最も多いのは「ともだちに会える」で、四十〜六五パーセントもあった。

きのくに子どもの村は、この調査結果に衝撃を受けた数人が、八年かかって最初の小学校の開校（一九九二年）にこぎつけた私立学校である。私たちの大きな目標は、学習の質とスタイルを新たにした正規の私立校の創設であった。「学習がいちばん楽しい」と答える小学生が、三分の一くらいの学校、それも認可を受けた正規の私立校にしたい。こうして「新しい学校をつくる会」の活動が始まった。

正規の私立校をつくろうとすれば、ただたんに「楽しい学校にしたい」とか「子どもたちが喜ぶ学校を」とかいった夢や願望を唱えているだけでは始まらない。私たちは多くの教育書を読み、さまざまな実践に触れ、そして四〜七泊の小学生合宿をくり返しながら自分たちの学校の青写真をつくっていった。

その間の気の遠くなるような準備の段階で、数々のヒントと励ましを与えてもらったのが、本書に収められた先人たちのことばと実践である。とりわけ次の二人の著書と実践からは数々のヒントと折々の励ましをもらった。いくつかの名言を引用して感謝の気持ちを表しておきたい。

A・S・ニイル
サマーヒル・スクールの創設者。『問題の子ども』『問題の教師』『ニイルのおバカさん』などの著者。
◇困った子というのは実は不幸な子である。彼は内心においてたたかっている。
その結果として外界に向かってたたかう。
◇すべての迷信、因習、偽善をかなぐり捨てた時、そのとき初めて我々は教育を受けたといえる。

ジョン・デューイ
シカゴ大学附属実験学校の創設者。『学校と社会』『民主主義と教育』『経験と教育』などの著者。
◇一オンスの経験は一トンの理論にまさる。
◇教育の目的は、既成の知識の伝達ではなく、未来の価値の創造にある。

二〇二三年三月

学校法人きのくに子どもの村学園　堀　真一郎

＊A・S・ニイルの『問題の子ども』『問題の親』『恐るべき学校』『問題の教師』『自由な子ども』は全て新版ニイル選集・全五巻（堀真一郎訳、黎明書房）によった。

目次

目次

――1――

先を急ぐ教育を警告したルソーの名言「自然は、子ども時代には子どもであることを求めている」

■ものごとには順序が…

ルソーは、せっかちな知識教育を戒めている。

> 教育の究極の目標は理性的な人間をつくることだ。しかし人は、理性をもって理性的な人間をつくろうとしている。それは、ものごとの終わりからものごとを始めようとするようなものだ。
>
> （ルソー、今野一雄訳『エミール』岩波文庫）

ルソーの教育論は漸進《ぜんしん》主義と呼ばれている。発達の各段階に合わせて一歩一歩すすめ、というのだ。まず生後五年間は、自由で丈夫な体をつくる。オムツや育児袋で締め付けてはいけない。過保護もいけない。

五歳から十二歳までは、好奇心を育て、繊細で鋭い感覚を養う時期である。あわてて読み書き計算を教える必要はない。

知識の教育は、十二歳まで待ってから行われる。それも「本当に役に立つごく少数の知識」に限られる。

十五歳からは判断力を養う教育が始まる。教え込むのではなく、具体物や実際の現象に触れ、考える力を育てる。この最後の段階の成否は、それまでの各段階が正しく行われていたどうかで決まる。急いではならない。

自然は、子どもが大人になるまでは子どもであることを求めている。

(同前)

急がば回れ

ひところわが国ではフィンランド詣でが相次いだ。学力の国際比較で常にトップクラスの国に学べ、というわけだ。一部の人が学力低下を喧伝した頃である。

しかし、フィンランドへ行ってみると、この人たちの目論見ははずれた。ゆったりとした丁寧な教育が行なわれていたのだ。授業時数は日本より三割も少ない。現場教師は信頼され、何をどう教えるのかの裁量の幅も広い。

この際、私たちははっきりと認めるべきだ。せっかちに詰め込んでもロクなことはない。あわてないでじっくりと、丈夫な体と、旺盛な好奇心と、繊細な感覚と、共に生きる喜びを育てるほうが賢いのだ。

　子どもの村の子どもたちは、親からヤイヤイいわれない。生きることを楽しんでいる。丈夫な体と、旺盛な好奇心と、繊細な感覚と共に生きる喜びを持った子どもたちは、世にいう学力の面でも負けていない。自慢するわけではないが、きのくにの中学校の卒業生の高校での成績は、信じられないほどいいのだ。

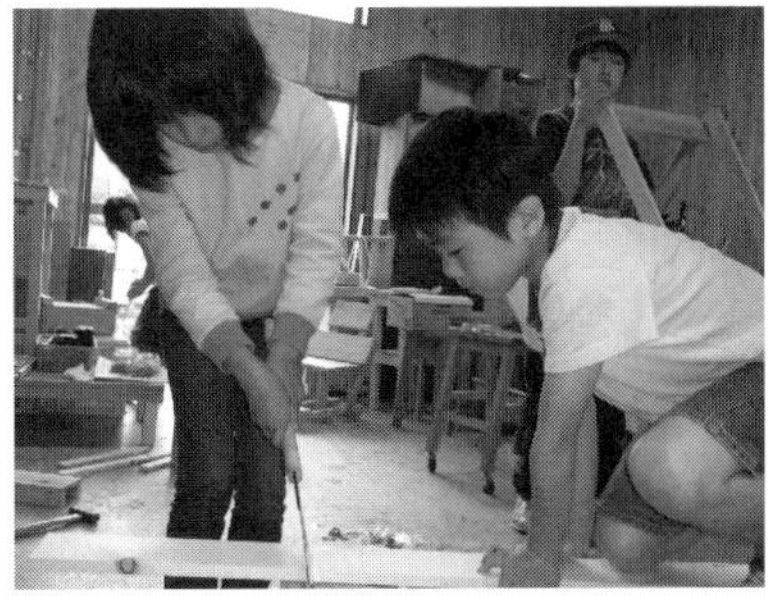

●ジャン・ジャック・ルソー：一七一二年〜一七七八年。スイス生まれの思想家、小説家、作曲家。『社会契約論』『人間不平等起源論』その他の著作は、フランス革命やその後の社会思想に大きな影響を与えた。教育小説『エミール』は、教育学史上、最高の傑作である。『エミール』は、岩波文庫版（今野一雄訳、上中下・三巻）をお薦めする。

2 叱らぬ教育を主張した霜田静志の名言「怒る人というのは不幸な人である」

叱らずにはいられぬ人

もう三十年以上も前のことである。私がまだ大阪市立大学にいた頃の話だ。研究室で幼児教室を開いていた。おもちゃ作り、料理、そして絵本作りが主な活動で、見本はあるが、作り方は自分で考える。これが大原則だ。子どもたちはすごく熱心に、たくましく制作に励んだ。このときに得たハウツーが、子どもの村の基本原則の起源である。

母親教室も併設していた。話を聞いたり、本を読んだり、子どもと一緒に作ったりしてもらった。多くの母親は、日頃の育児態度の問題点に気づき、しあわせな親子関係をきずいていった。しかし、中には変わりにくい人もいた。Aさんもその典型だ。「うちの子は……」と愚痴がとまらない。もちろん子どもに対しては、小言の連続だ。口癖は「叱ってはいけないのはわかっているんですが……」である。「いい子ですよ」と何度いってあげても、がんばっている様子をビデオで見せても「そんなはずは……。堀先生の前だけ……」と譲ろうとはしない。

問題の子ども　問題の親

子どもの悪いところばかり目に付く。他人がほめてくれるとムキになって否定する。こういう人はなかなか変わらない。なぜだろう。この疑問を解く鍵は、ニイルのことばに見つかる。

「困った子というのは、実は不幸な子である。彼は内心で自分自身とたたかっている。その結果として外界とたたかう。」

つまり、無意識の深層で、本来もっている生命力と、生後に外界から与えられて内面化した超自我とが葛藤している。こういう子は、不安、緊張、自己否定感に悩んでいる。不幸なのだ。

右のニイルのことばは、次のように続く。

「困った大人も同じ船に乗っている。」

叱らずにはいられない大人も困った大人だ。自分では気づかない抑圧と自己否定感に支配されている。感情的に不自由なのだ。冒頭のAさんもその一人であることが、後になって判明した。子どもの頃に、母親から「お前はダメな子だ」と口汚く叱られ続けた不幸な人だったのだ。そのまた母親も同じような人だったのだろう。霜田静志は『叱らぬ教育の実践』(黎明書房)で、いっている。

怒る人というのは不幸な人である。自分の心が平らかでないものがよくおこるのである。
叱る教育の根底に横たわるものは、叱ることの是非の理論よりも、叱らずにはいられなくなる

親や教師の性格的傾向であり、またこのような性格を作り上げる不幸な生活である。

自己決定力をつける

叱るというのは、いかに弁明しても相手を否定する行為だ。しかも「大人は道徳的に正しい」という前提に立っている。倫理規範の代理人を自任している。

しかしニイルのように子どもの自己決定の力を信じる人は、子ども自身による問題の認識と解決を大事にする。サマーヒルでミーティングが学校の中心にあるのはそのためだ。もちろん大人が子どもの困った行為に言及することはある。しかし、道徳の代弁者として叱るのではない。「それは困る」とか、「ほかの子に迷惑がかかっているようだよ」と気づいてもらう言い方である。

叱らずにすませるコツ

叱らずにいられない人は不幸だ。しかし、内面の不自由からの自己解放は簡単ではない。そこで「子どもを叱らずに済ませるための五か条」をご紹介しょう。

① **子どもを抱っこしよう**

子どもを抱きしめ、背中をとんとんしている時に小言をいう気になる人は、まずいない。

② **肯定的評価**

子どもの言動をプラスの面から見てあげる。約束に十分遅れた子には「十分しか遅れなかったね」といおう。

③ 道徳の代弁者をやめる

「よい、わるい」をいわない。その行為がほかの人に迷惑がかかっていることに気がついてくれれば十分だ。

④ 私メッセージ

善悪の理屈をはなれて、正直に自分の気持ちを伝えよう。「ダメ！」とか「悪い子だ」とはいわないで、「それは困るんだよ。何とかして欲しいな」といおう。

⑤ 能動的な聞き方

カウンセリングの反復法の技法だ。子どもの訴えや不満や抗弁を、そのまま確認して返す。子どもは、自分が受容されているのを感じる。また自分で解決策に到達することが少なくない。

最後にもう一言。

叱らずにいられる人は幸福だ。

●霜田静志（しもだせいし）：一八九〇年～一九七三年。埼玉県生まれ。東京美術学校卒業。成城小学校教員などを経て、井荻児童研究所所長、多摩美術大学教授。日本の精神分析研究の草分けの一人。美術教育、およびニイルの紹介と研究にも大きな足跡を残した。著書に、『児童の精神分析』『叱らぬ教育の実践』『叱らぬ生活と教育』（以上、黎明書房）などがある。

―― 3 ――

幼稚園の創始者フレーベルの名言「遊びは子どもに宿る神性の現われ」

■えっ!　遊びたいと思わない?

「ふだんあまり遊んでいない理由は何?」

子どもに尋ねた時に、信じられない答えが返ってきた。

「別に、そんなに遊びたいと思わないもん。」

遊んでも遊んでもまだまだ遊びたい。それが子どもではないだろうか。しかし、きのくにが誕生する数年前、大阪市立大学で調査したら、「そんなに遊びたくないから」という子が一割もいたのだ。「遊ぶと疲れるから」という子も数パーセントあった。遊びが貧しくなっているだけでなく、遊びへの意欲まで衰えているのである。

■遊ぶ子の姿は神々しい

幼児の姿で最も美しいのは遊んでいる子どもである。遊び疲れて眠り込んだ子どもである。

世界で最初の幼稚園を作ったフレーベルのことばである。彼は「万有内在神論」という哲学から、すべてのものに神の法則つまり「神性」が宿ると考える。また、フレーベルは、

（フレーベル、荒井武訳『人間の教育』岩波文庫）

遊びは、すべての子どもに宿る神性の自発的な現われである。

（同前）

と言っている。教師の仕事は、この神性を生き生きと実現させることである。よく知られた「恩物」は、遊びを通して子どもを成長させるための教具である。フレーベルが、現代の「遊びたいとは思わない子ども」のことを聞いたら卒倒するかもしれない。

■遊びは人間の完全な姿

フレーベルにとって遊びは「たかが遊び」とか「遊んでばかりいないで」などといわれるレベルのものではない。彼は、子どもの遊びの中に神を見ていたのである。ドイツの国民詩人といわれるシラーも、遊びを崇高なものと見ていた。彼は『美的教養論』という本も書いているが、その中で、人間の理想は理性と感性の美しい調和だと考えている。哲学者カントの影響だといわれている。この理性と感性の調和についてシラーは、こんな美しい表現をしている。

完全な人間である時にのみ人間は遊ぶ。そして人は遊ぶ時にのみ完全な人間である。

（シラー、清水清訳『美的教養論』玉川大学出版部）

フレーベルやシラーにとって、遊びは子どもの最高の姿です。遊ぶ意欲の薄れた子どもたちを見たらどういうだろうか。

遊ぶ意欲の衰退は自由への意欲の衰えともいえる。遊びの本質は自由であり、それが何より魅力のはずだ。ニイルのことばでいえば、「自分自身の生き方をする喜び」を、遊びを通して豊かに甦らせることこそ、現代教育の最大の課題ではないだろうか。

■遊びの魅力は爽快感、成長の喜び、そして自由

子どもに聞いてみよう。

「なぜ遊ぶの？」

ほとんどの子は「楽しいから」と答える。「何が楽しいの？」と追い打ちをかけると「わからん」と答える。子どもの頃を思い出してみよう。

① 心身の爽快感

遊びに熱中したあとの満足感と心地よい疲労感こそ、生きる喜びと意欲の源と思われる。

② 成長の実体

遊びはいつもラクとはかぎらない。失敗したり落胆したり、苦労を重ねたり、注意を集中したり、

工夫したり、友達とうまく付き合ったりしなくてはいけない。この苦労と工夫が満足感を高め、成長の実感を味わわせてくれるのだ。

③　自由

遊びに夢中になっている時、子どもでも大人でも「魂の船長」である。大人の管理からも、身体的あるいは物理的な制約からも解放されてしまっているのだ。

遊びを大事にしよう。

ニイルは「子ども時代は遊び時代」と言い切っている。

●フレーベル：一七八二年～一八五二年。幼稚園の創始者。主な著書は、『人間の教育』。明治以後の日本の幼児教育にたいへん大きな影響を与えた。

●F・シラー：ドイツの詩人。戯曲『ウイルヘルム・テル』や、ベートーベンの第九交響曲の合唱テキスト「歓喜に寄す」などの作者。

4 湖水地方の自然と人を愛した詩人、ワーズワースの名言「子どもは大人の父親」

子どもは大人の父親

ワーズワースは、湖水地方をこよなく愛したイギリスの詩人である。これは有名な「虹」という詩の一節だ。短い詩だが、幼少期の感動体験をうたっている。

虹を見ると、幼い頃に心が躍ったのと同じ感動を覚える。この心躍りがいつまでも続きますように。子ども時代の感動こそは大人になった時の宝物だ。

おおよそ、こういう意味である。幼い頃に美しい虹を見たときの感動が、やがて彼を自然を愛する詩人へと育んだのだろう。

子ども時代、特に幼い頃の体験がその人の人生を左右するということわざは、少なくない。たとえば、

三つ子の魂百まで。

スズメ百まで踊り忘れず。

ゆりかごで覚えたことは墓場まで。
などなど。

基本的信頼感

心理学者、E・H・エリクソンは、乳幼児期の人間関係を重視した人だ。特に生後一年間に、だれか、とりわけ母親との間に無条件の信頼関係ができるかどうかが大切だ。じっさい、乳児は、世話をしてくれる大人に一〇〇パーセント信頼を寄せて身をあずける。これをエリクソンは「基本的信頼感」と名付けた。私たちの人格形成の基礎のそのまた基礎といえるだろう。

第二次大戦の後、ロンドンの乳児院でおこなわれた研究もよく知られている。精神分析の創始者、フロイトの娘、アンナ・フロイトたちが、一般家庭と乳児院の乳幼児を比較したのだ。

戦後の混乱期なので、普通の家庭のほうが食料や住宅事情はよくなかった。乳児院のほうが、専門知識でも、物理的条件でも有利だった。にもかかわらず、子どもの発達状況は、両親と一緒のほうがよかったという。死亡率までも乳児院のほうが高かったという。

ある教護院での話

児童福祉施設の一つに教護院というのがある。少年院のように重大な問題を起こしたのではないが、いろいろな事情で中高生段階の子が共同生活する所だ。

ここに二五年間勤めた方からこんな話を聞いたことがある。

ここに生活する子どもの中で、立派に立ち直って巣立つ者と、問題を繰り返したり、逃亡したりする者がある。両者はどこが違うのだろうか。それは年齢でも、性別でもなく、問題行動のタイプの違いでもない。

たった一つ違うのは、幼い頃に、だれからであれ無条件に可愛がられ、大事にされたかどうかだという。もちろん、はっきりした記憶はないだろう。しかし、体と無意識が覚えているのだ。

乳幼児時代が、人生を決める？

生後五年間における心理的な成長はすばらしい。その範囲についても、その速さについても、これほど目立って変化する時期は、生涯にわたってもう二度とこない。（A・ゲゼル、山下俊郎訳『乳幼児の心理学』家政教育社）

人間の赤ん坊は、きわめて未熟な無能な状態で生まれる。しかし、未熟とは、広義の学習を通して、ほかの動物にはない高い能力を獲得するという意味でもある。

生後の数年を失う者は全人生を失う

「オオカミに育てられた子ども」や「アヴェロンの野生児」の例に見られるように、誕生後の数年間を人間社会から隔離されると、致命的なハンディを負う。誕生後の数年間の環境が、その後の発達を大きく左右する。

みじかい青春時代を失う者は、その後の人生を失うといわれる。乳幼児期にも同じことがいえるのだ。

■早期教育論にご用心

しかし、気をつけよう。幼年期の広い意味の学習の重要性をうまく強調して、早くからの読み書きやけいこごとを勧める人もある。せっかちな読み書き教育は、幼い時の情緒の安定と躍動、繊細な感覚の育成、ふれあい体験の重視とはまったくの別物である。

●ワーズワース：一七七〇年～一八五〇年。イギリスの湖水地方の自然と人を愛した浪漫詩人。

5 子どもの自治を重んじたニイルの名言「週一回の全校集会は、一週間の学習に匹敵する」

えっ、ベッドタイム廃止？

いっしゅん、高校生の間にざわめきが起きる。ほとんどの子が「なんで？」「どういうこと？」という顔つきだ。

夜の九時半、場所は、きのくに高等専修学校の寮の談話室。もう一時間近く就寝時刻を決める話し合いが続いている。これまでに何度かミーティングをしてきたのに約束が守られないのだ。そこで学園長が爆弾提案。

「高校生ともなれば自分の時間は自分で上手に使えばいいじゃない？　徹夜も結構。朝起きられなくておなかをすかしても、その子の責任。騒いだり音をたてたりしなければいい。」

呆気にとられていた面々が次々とうなずき、かくしてベッドタイムはめでたく廃止されて今日に至っている。

規律は自由だ

マカレンコはこう喝破した。（南信四郎訳『藍と規律の家庭教育』三一書房、一九五五）

ミーティングの目的は、規則を作って自分たちを不自由にすることではない。大事なのは、生活をより楽しく、より自由にするために、知恵を絞って工夫することだ。

もめごとを起こさない子。

大人のいうことを聞く子。

文句をいわず規則を守る子。

そんな子がえらいのではない。自己主張ができ、自立していて、しかも相手の気持ちが理解でき、楽しいことはより多く、いやなことはより少なくする工夫ができる子がえらいのだ。自治は、そういう成長を促すのには最善の方法である。

みんな真剣、ニイルも注意された――サマーヒルの全校集会

サマーヒルのミーティングは四種類ある。

① 定例集会（土曜夕食後）
② 「法廷」（週一回）
③ 臨時ミーティング
④ 特別ミーティング

定例集会では、規則の改廃、行事の計画、規則違反や迷惑行為、教師への注文などすべてが議題になる。全員参加だ。みんな真剣である。私語は許されない。うるさくすると議長から罰金を食らうこともある。三十年前のある日、私が全校集会の見学を認められた時のことだ。一人の小さい子がニイルにすり寄って、しつこくちょっかいを出し始めた。ニイルがそれに応じたその時、「ニイルっ!」と議長から鋭い声が飛んだ。ニイルは肩をすくめ、小さくなってしまった。

「法廷」は、もめごとや規則違反だけを扱うミーティングだ。校則などの決定は土曜日まで待たねばならない。

臨時ミーティングは、土曜まで待てない議題が生じた時に、誰でも招集できる。特別ミーティングは、特定の話題(たとえばアフリカの食料危機など)について意見交換などをする(時には年長生だけ)。

ミーティングが盛り上がるには

活発に意見が出て、みんなが満足するミーティング。それは、何か大きなホンモノのことが決まる時だ。逆に、小さないやな議題では沈黙してしまう。

楽しい議題はじっくり、

いやな議題はあっさり。

これが自由学校のミーティングを盛り上げる大原則だ。

次に大事なのはユーモア。大人は、さりげなく気のきいた発言をしよう。時には、子どもを挑発してもよろしい。そのほかに大人が気をつけるべきポイントは――
◇発言は少なく、短く、わかりやすく。よく通る声で。
◇混乱した議論を整理するための質問をして議長を助ける。
◇小さい子、新しく来た子、落ち着きのない子を抱っこする。
◇なるべく後ろにすわる。挙手する時は、遅れ気味にそっと。
◇子どもの話しかけには応じない。唇に指を当ててニコッとすると効果的だ。
◇不適切な決定になってもあせらない。具合が悪ければ次回に改正を提案すればよい。子どもに責任を押し付けてはいけない。
ニイルはミーティング（全校集会）について何度か同じようなことをいっている。

週一回の全校集会は、一週間の学習に匹敵する。

●A・S・ニイル（Alexander Sutherland Neill）：一八八三年～一九七三年。世界でいちばん自由な学校、サマーヒル・スクールの創設者。エジンバラ大学卒業後、小学校臨時校長、軍務を経て一九二一年、ドイツで国際学校を設立。二四年、帰国して学校名をサマーヒルと改称。著書に、「新版ニイル選集全五巻」（①問題の子ども　②問題の親　③恐るべき学校　④問題の教師　⑤自由な子ども）、『新訳ニイルのおバカさん―A・S・ニイル自伝―』などがある。いずれも、堀真一郎訳、黎明書房刊。

6 池袋児童の村小学校をつくった野口援太郎の名言「自由は行き過ぎがよい」

自由には責任が伴う？

「自分でいいと思うようにやってごらん。自由にしていいよ。でもね、いいかい。自由には責任が伴うんだよ。」

子どもの頃、こんなふうにいわれたことはないだろうか。子どもに向かって、こんなふうにいったことはないだろうか。

自由には責任が伴う。大人ならともかく、こういわれた子どもは、どれだけ大胆に行動できるだろうか。もし失敗したら？　と不安にならないだろうか。

「自由には責任が伴う」という大人は、実際は、子どもからやる気を奪っている。失敗しても知らないよ、失敗したら許さないよと警告し、脅しをかけているのだ。子どもに向かって「自分でやってごらん」という以上は、失敗は許されねばならない。子どもの自由を尊重する大人は、こういわなくてはいけないのだ。

「思い切ってやってごらん、責任は大人がとってあげるから。」

大人は、このほかにもいろいろな理屈をつけて、子どもの自由を制約し中途半端のものにする。

現実は甘くない。

大人になったらわかるよ。

お金はどうするの。

この世の中は、学歴が結局はものをいう。

お母さんの身にもなってみて。

後で泣き言をいうなよ。

いくらなんでもそれは行き過ぎだ、等々。

子どもと共に生きる

いわゆる大正自由教育の時代には、ドールトンプランなどいくつもの大胆な実践や、成城学園、明星小学校、玉川学園、トットちゃんの学校（トモエ学園）など、新しい学校が現れた。

しかし、野口援太郎は、たんなる教授法の改善や穏健な教育改革には満足しなかった人だ。彼の創設した学校の名前、つまり「池袋児童の村小学校」という名称に、それがはっきり現れている。野口は、授業の仕方やカリキュラムの手直しではなくて、教育の根本理念の変革を求めていたのだ。

宇佐美承の表現を借りれば、「教師は、子どもを教育するのではなく、子どもと共に生きるべし」というのが、彼の学校の憲章といってよい。（宇佐美承『椎の木学校――「児童の村」物語』新潮社）

自由は行き過ぎがよい。

（宇佐美承『椎の木学校』新潮社）

という時、それは、どれだけ自由を認めたらよいかという「程度」を問題にしているのではない。教師と学校の使命の本質を論じているのだ。教育の主人公は子どもであって教師ではない。教師は子どもと共に歩み、子どもの成長のお手伝いをしながら、自分自身も成長する喜びを味わう。こういう謙虚でしあわせな教師は、もはや子どもを導くとか、教化するとかいった思い上がった感覚から解放されている。

サマーヒルのニイルも同じ考えの人である。

どんな人であれ、他人に「かく生きるべし」といえるほど立派な人はいない。私たちにできるのは、子どものかたわらにいて、子どもが内から成長する自由を尊重することだけである。

（*A.S.Neill : Talking of Summerhill, Hutchinson, 1967*）

最もよい教師は子どもと共に笑う。最もよくない教師は子どもを笑う。

（同前）

●野口援太郎（のぐちえんたろう）：一八六八年〜一九四一年。福岡県生まれ。姫路師範学校校長の後、帝国教育会理事。教育予算削減反対運動や欧州教育事情の紹介にあたる。一九二三年（大正十二年）、「教育の世紀社」設立、翌年、自宅に池袋児童の村小学校を設立。その閉鎖後は、新教育協会会長、城西学園学園長。

―― 7 ――　アメリカで自由学校をつくったパット・モンゴメリーの名言「自由学校をつくる人は、楽天家」

■熱い思いを持ち続ける

きのくに子どもの村は、今年（二〇一一年）めでたく開校二十周年を迎えた。サマーヒルの九十年にはとうてい及ばないが、それでも二十年は、けっこう長い年月だ。その間にわりあい多くの人から受けた質問がある。

「自由な学校をつくる上で職員に求められる大事な資質は何ですか。」

私の答えはいつも同じだ。

体力……………………五一％
熱い思い………………三四％
見通しと計算…………十四％
その他…………………一％

まず体力。もちろん腕力という意味ではない。長い時間子どもの相手ができるスタミナが大事だ。私たちはだれでも疲れると、一時的にせよ、気分も落ち込むし、熱い思いも続かない。判断を間違えることもある。体力は、日々新たな展開の続く自由な学校では特に必要なのだ。体のよく動く人、不規則な生活に耐えられる人は歓迎される。

「熱い思い」とは、情熱的に燃え上がることではない。火山でいうと水蒸気を吐き続け、それによって地下のマグマの存在が知られる山だ。「持続する志」といってもよい。とつぜん爆発してすぐに冷める人では困るのだ。教育の現状を憂え批判して絶叫するだけの人、困難に直面すると落ち込んだり逃げ出したりする人には学校づくりは難しい。静かに持続する楽天主義がよい。

深い川は静かに流れる

パット・モンゴメリーさんは情熱の人である。もとは修道女だったのだが、ニイルの本を読んで感動し、サマーヒルをたずねた。自分も学校がつくりたいという彼女に、ニイルは「もうひとつのサマーヒルをと考えてはいけない」と諭したという。修道院を出て結婚したあと彼女は、夫ジムとともに周到な準備をして、一九六九年に自宅にクロンララ校を創立した（クロンララとは、アイルランドにある故郷の屋敷の名前だ）。このとき彼女は、ニイルに学ぶと同時にデューイの理論を詳細に研究して、みずからの学校の具体像を確定し、毎日の実践と長期計画の枠組みを考案した。サマーヒルのコピーではないのだ。

開校十年後には、通学できない子どもの自宅学習プログラムを考案する。いわゆるホームスクールだ。これはその後、正規の就学として認められるようになる。それだけではない。全米オルタナティヴ・コミュニティ・スクール連合という組織を作って、新しい教育をめざす人たちの横のつながりを強化する運動も始めた。

パットさんは、きのくにの創立十周年に来日してシンポジウムに参加してくれた。記憶している方もあるだろう。闘士と呼ぶにふさわしい業績とは裏腹に、まことに穏やかな印象のやさしい人である。

学校づくりには難しい問題が続く。準備段階での青写真づくり、資金集め、広報活動、人間関係、役所との折衝など、地道で気の長い仕事である。開校後も将来計画、日々の教育計画、個々の子どもの把握、親やメディアとのお付き合い、お金の心配等、落ち込んだり腹を立てたりしてはいられない。冷静に、じっくり、ボチボチ行くのがいいのだ。パットさんはいっている。

自由学校をつくる人は、楽天家で、しかも思慮に富んでいなければならない。

（パット・モンゴメリー他、吉柳克彦・大沼安史訳『フリースクール：その現実と夢』一光社）

●パット・モンゴメリー：一九六〇年代初め、ニイルから刺激と激励を受け、六九年、アメリカのミシガン州アナーバーで夫ジムとクロンララ・スクールを開校。七九年、ホームスクールコースを併設。二〇〇一年、きのくにへ来訪。著書に『フリースクール：その現実と夢』（クレア・コーンとの共著、一光社）がある。

8 進歩主義教育の父、デューイの名言「知性の自由は永遠に重要である」

■コペルニクス的転回

デューイは、一八九六年にシカゴ大学に小学校を設置して、新しい理念の教育の有効性の検証を始めた。新しい教育観の中核は「重力の移動」である。

コペルニクスによって重力の中心が地球から太陽に移されたように、このたびは子どもが中心となり、さまざまな営みが子どもの周囲をめぐるのだ。

（デューイ、宮原誠一訳『学校と社会』岩波文庫）

デューイは来るべき二十世紀が、予測のできない難しい時代になると見抜いていた。こうした変転する時代の教育において大事なのは、伝統的な価値観や大人の命令と暗示などに左右されずに、みずからの判断ができる子どもの育成である。自発的かつ創造的に考える態度と能力のある子どもを育てようというのだ。デューイを読みもしないで、安易な児童中心主義者だと誤解してはならない。

デューイは『明日の学校』の中でモンテッソーリ法を批判している。教具を選ぶ自由や、どこでどれだけそれを使うかの自由はある。しかし操作法や目的は前もって厳密に決められている。つまり「行動の自由」はあるが「知性の自由」が乏しい。デューイにとって子ども中心とは、子ども自身が自分にとって重要な問題に自発的に取組み、知恵をしぼり、仮説を立て、行動によって確かめることである。

■創造的に考える態度と能力

創造的な思考の態度と能力の中身は次のとおりだ。

1 **問題を感じる**

「えっ？」「おやっ」「うーん、なんだか変だ」と敏感に感じる。

2 **問題を見つめる**

「いったいどうなってるんだろ？」とくわしく観察する。

3 **仮説を立てる**

「こうすればうまくいく」と結果を予測する。

4 **結論をまとめる**

仮説をすぐに実行しないで精密な結論に練り上げる。（幼児や年少児にはあまり要求しない）

5 **実際に確かめる**

結論を実行して検証する。うまくいかなければ仮説の再設定や問題の観察にもどる。

この自発的で創造的でしかも実際的に考える態度と能力は、伝統的な学校では育ちにくい。古い教育は教師からの一方的な「伝達」を主要な手段としているからだ。デューイの提唱する学校では、子どもたちが好奇心に駆られ、知恵をしぼり、その結果、社会の中で生きる喜びと生きるための知恵や技術を獲得する。

永遠に重要な唯一の自由は知性の自由である。つまり本来的に価値のある目的のために観察や判断がなされる自由だ。

(デューイ、市村尚久訳『経験と教育』講談社学術文庫)

この自発的で実際的な知的探求をデューイは「為すことによって学ぶ」(Learning by Doing)と名づけ、そのための具体的なプログラムを「活動的な仕事」(Active Occupations)と呼んだ。きのくに子どもの村は、このデューイの知性の自由と、ニイルが最も重要視する「感情の自由」の統合をめざす学園である。

●ジョン・デューイ：一八五九〜一九六二年。アメリカのバーモント州に生まれ、三十歳でシカゴ大学教授。一八九六年、大学に実験学校を設立。二十世紀はじめの新しい学校に大きな影響を与え「進歩主義教育の父」と呼ばれる。主な著書は、『学校と社会』『民主主義と教育』(以上、岩波文庫)、『経験と教育』(講談社学術文庫)など。

9 性善説から出発したルソーの名言「人間の手にわたると、すべてが悪くなる」

◇吾輩は猫である。名前はまだない。
◇木曽路はすべて山の中である。
◇行く川の流れは絶えずして、しかももとの水にあらず。
◇すべての幸福な家庭はみな同じように幸福であるが、すべての不幸な家庭はそれぞれに不幸である。

よく知られた文学作品の冒頭の一節である。作者と作品名を述べよ、などと試験に出された記憶をお持ちの人もあるだろう。

(おせっかいなのを承知で答えをいえば右から夏目漱石『吾輩は猫である』、島崎藤村『夜明け前』、鴨長明『方丈記』、トルストイ『アンナ・カレーニナ』)

教育学の分野でも、冒頭の一節が無茶苦茶に有名な書物がある。もっとも文学作品と同じで、書名と最初のことばは知っていても、中身を読んでいない人は多い。

万物をつくるものの手をはなれるとき、すべてはよきものであるが、人間の手にわたるとすべてが悪くなる。

（ルソー、今野一雄訳『エミール』岩波文庫）

右のルソーのことばのほかにペスタロッチとフレーベルのことばもよく知られている。

玉座の高みにあっても草屋根の蔭に住まっても同じ人間、その本質から見た人間とは何か。

（ペスタロッチ、長田新訳『隠者の夕暮』岩波文庫）

万物の中に一つの永遠の法則が存在する。……遊びは、子どもに宿る神性の自然な現れである。

（フレーベル、小原國芳他監訳『人の教育』玉川大学出版部）

どちらも子どもの本性を信頼し、大人からの強制や巧妙な操作を戒めたことばだ。

教育学史の大天才

ルソーは社会思想家として後世に大きな影響を与えた人だ。しかし彼は恋愛小説を書き、オペラを作曲し、教育論も展開した大天才である。特に教育学の歴史においては彼と並び得る人はいない。いわゆる性善説から出発して、子どもの自発性や活動性や人格の全面的発達を説くなど、近代教育学の基礎を築いた人といってよい。その特長をまとめてみよう。

1　子ども尊重……子どもの本性を深く信頼する。

2　消極教育……大人からの強制、脅し、操作などを退け、自発性と活動性を尊重する。

何事も、「教えられたからではなく、子どもに自分で発見したから知っている」と感じさせよう。

（ルソー、前掲書）

3　漸進教育……急いではならない。発達の段階を大切にしよう。まず体を丈夫にする、感覚をみがく。普通の授業はそれからでも遅くない。

子どもの本性は、子どもが大人になるまでは子どもであることを要求する。理性の教育を急ぐのは、物事の終わりから物事を始めようというのと同じだ。

（同前）

4　人格の全面的発達……手と心と知性の調和、あるいは理性と感覚の統一が大切である。

エミールは農夫のように働き、哲学者のように考えねばならない。

（同前）

ところで、ルソーは、この書に収めた「サヴォワの助任司祭の信仰告白」という宗教論がもとで教会から追われることになる。教会の権威を傷つけた危険思想家として指名手配され、イギリスまで逃げ、帰国後は偽名を使って執筆を続けた。

「万物をつくるものの……」という冒頭の一節は、彼の後半生の苦難の道を予感させるものだ。

■どっちが幸福？　性善説と性悪説

サマーヒルのニイルもまた子どもの本性に深い信頼をおいた教育家である。

幼い子どもを見れば、悪い意志などまったく持っていないことがはっきりわかる。それは、キャベツやトラの赤ちゃんに何の悪い意思もないのと同じだ。子どもが持って生まれてくるのは生命力だけである。

（ニイル『問題の子ども』）

しかし彼はただ子どもを放任したのではない。傍観していたわけでもない。内面に問題を抱えた子どもには、共感と理解にもとづいた心理的働きかけ（プライベートレッスン）や、「自分自身の生き方」を保障するための出欠自由の授業や全校集会など、数々の工夫が必要だ。子どもの自由を実際化するには、教師の側の綿密な、そして粘り強い取組みが不可欠である。そのうえ学校経営は苦労の連続だ。自由学校の教師は忙しい。

子どもの自由を信用せず、一方的に強制したり脅したりするほうがはるかにラクなのだ。

しかし、自由学校の大人には、性悪説の人にはないすばらしい報酬がある。それは、子どもと共に笑う喜びであり、ともに成長する幸福な毎日である。

―― 番外編　子どもの村の設立に尽力した岡室猛彦の名言「新しい学校が古い村を生き返らせる」――

学校サボって町へ

「おはよう。いい天気だねえ。」

「おはようございます、せんせい。天気がいいんで、町へ遊びに行ってきまーす。」

「なんだと？　これから授業が始まるんだぞ。」

「町から帰ってきたら勉強しまーす。では、あとで……」

「これっ、待ちなさい。」

あっけにとられている先生を尻目に腕白坊主たちは八キロ下の町へと駆け出した。

おなご先生の災難

「先生、押し入れにへんなものがあるんじゃが……」

「どれどれ……別になんにも……」

「もっと奥のほうだ。」

「おかしいわね。なんにも……」

「それっ！」

「あーっ！　なにするの！」

こうして、気の毒な女先生は腕白少年たちに、学校の宿直室の押し入れに閉じ込められたのだ。時は太平洋戦争の最中、場所は和歌山県伊都郡の恋野村ヒコタニ。わが彦谷地区である。このやんちゃ坊主の大将がタケヒコ少年だ。

村が死んでしまう

タケヒコ少年は、岡室家の長男だ。同じ年頃の人たちが山を降りて行くようになり過疎化が進んでも頑として村に残って、いろいろなことに挑戦した。昭和二十年代に村に電気を引いた。区長としてごみ処理場の受け入れ条件で水道を完備させた。道路をよくするために市当局と粘り強く交渉した。村の活性化のためにあらゆる方策を練った。ゴルフ場の誘致まで考えたのだ。しかし、それでも村はさびしくなる一方だった。とうとう村の分校が廃校になる日が来た。

山里の学園村に夢を賭ける

ところが世の中はよくしたもので、分校の廃校が新しい夢を呼び込んだ。「新しい学校をつくる会」が、学校施設の譲渡または貸与を橋本市に申し入れたのである。岡室区長さんはこの計画に賛同し、すぐ村の寄り合いを開いて市への要望書を作成した。最後の卒業式の翌日のことだ。その少し前、区長さんはつくる会の代表の堀に尋ねた。

「堀せんせ、堀せんせは、この話、本気かよ。」

「もちろん本気です。」

「せんせがそういうんなら、オレも本気でやるよ。」

それから区長とつくる会の本気の取組みが始まった。つくる会も頑張ったが、区長さんもすごかった。市との交渉、村人の説得、私有地の提供など枚挙にいとまがない。

区長さんは学校ができた後も理事として、臨時講師として、教職員へのアドバイザーとして、村との調整役として、そして時には子どもたちの話し相手や遊び相手として活躍してくださった。区長さんなしでは、彦谷に子どもの村はできなかっただろう。

子どもの村の開校までの歩み

一九八四年九月　つくる会発足。
一九八五年七月　「山の家」開設。小学校合宿始まる（十二月）。
一九八七年三月　彦谷校休校に。施設の貸与を市に申し入れ（不調）。
一九八八年六月　同上を村から陳情（不調）。つくる会は自己所有の土地建物の取得へ方針転換。
七月　「村の家」新築。

一九九〇年一月　学校用地を取得。
一九九〇年十月　ミキハウスの木村皓一社長から支援約束。
　　　　十二月　和歌山県へ学校設置基本計画書を提出。
一九九一年四月　学校法人、学校設置の認可を和歌山県知事に申請。
一九九二年三月　学校法人、学校設置認可。開校（四月一日）
一九九四年四月　中学校開校。

●岡室猛彦（おかむろたけひこ）：一九三二年〜二〇一二年。現在の橋本市彦谷地区に生れる。電気工事会社、飼料販売会社（専務）に勤務。四十年近く彦谷区長をつとめる。学校法人きのくに子どもの村学園の設立に尽力し、開校と同時に理事に就任。約一年の闘病の後、二〇一二年三月二六日に死去。

―― 10 ――

ファシズムの原因を自由からの逃走であると喝破したフロムの名言「心理学的なヘソの緒を断ち切れ」

人はすべての因習と迷信と偽善から解放された時、その時初めて教育のある人間になったといえるのだ。

ニイルの初期の著作『教師の手記』（堀真一郎訳『クビになった教師』黎明書房所収）の一節である。私たちは、さまざまな既成のものの見方にとらわれている。それが妥当なものであれ、不合理なものであれ、幼少の時から繰りかえし教え込まれた価値観や行動様式の影響下にある。

一例をあげれば、生まれた時には右利きと左利きの割合は、ほぼ一対一という研究もあるらしいが、実際にはほとんどの人が右利きだ。「おはしは右、おちゃわんは左」といわれ続けた結果である。そして世の中では右利き中心が当たり前になり、設備でも道具でも、ほとんどが右利き用にできている。左利き用の急須など見たことがないし、野球の左打者でもゴルフは右で打つ。

道具類だけではない。ものの見方や考え方でも同じだ。家庭でも学校でも社会でも、伝統的な価値観や道徳を当然のこととして子どもたちに植え付ける。その結果、多くの人はその価値観や道徳に縛られてしまう。

第一次的絆からの自由

心理学的なヘソの緒から解放されない限り人間に自由はない。

（エーリッヒ・フロム、日高六郎訳『自由からの逃走』東京創元社）

フロムが心理学的なヘソの緒というのは、この植え付けられた既成のものの見方のことだ。これにとらわれた人は、そこから自由になることに不安を抱くようになる。そうした「第一次的な絆」を断ち切るのが自由と自立への第一歩なのだ。しかし、これは、孤独への第一歩でもある。それまでの心理的な拠り所をいったん否定するのには勇気が必要だ。そこで多くの人は、「孤立と追放」への恐怖にかられて自由への道から逃げ出し、伝統と大衆性の中に平安を見出す。しかも、若者が自由への道を歩むのを阻止しようとする。

フロムによれば、これを阻止するためのいちばんうまいやり方は、「罪の意識」を持たせることである。みんなが歩む道、つまり常識や世論から外れるのは罪深いことだ、と思い込ませるのだ。

フロムは、この自由への恐怖こそ、独裁者ヒトラーへドイツ国民が隷従した原因だと分析している。

ニイルと教育解除

ニイルは『問題の子ども』の冒頭で書いている。

私の仕事はムチに対する恐怖や主への恐れによって善を教え込まれた子どもを相手にする仕事である。それは教育解除、つまり教育を受けたものからその教育を取り去る仕事である。

まず心の深層にある不安や固定観念から子どもを解放するのだ。ニイルは、困った子どもとは不幸な子どもだと喝破し、大胆な試みを続けた。よく知られた盗癖のある子とともに隣家へニワトリ泥棒に入る事例もその一つである。厳しいしつけによる「ぼくは罪深い人間だ」という罪障感から、解き放そうとしたのだ。

学校教育の常識から自由になろう

既成の価値観や、その押しつけによって生まれた不安と自己否定感から解放された子どもたちが、「共に生きる経験」を積み重ねて、自分自身のものの見方や考え方を形成するための環境、それがサマーヒルである。それは伝統的な「学校」の概念から解放された共同生活の場といってよい。

私たちは、まず学校についての以下のような固定観念から自由にならなければならない。

◇学校では教師が決める。子どもはしたがう。
◇教育とは学校へ行くことだ。
◇授業とは、既成の知識と技術、道徳を伝達する仕事だ。
◇授業では教科書を使う。国語、算数（数学）、理科、社会、
英語が主要教科である。
◇学級は同一年齢の子どもで編成される。
◇教師は教員免許を持つ人だ。
◇教師は「先生」と呼ばれ、権威を持たねばならない。
◇教師の給料は年齢によって加算される。
◇校舎は、同じ大きさの教室と長い廊下でできている、等々。

●エーリッヒ・フロム：一九〇〇～一九八〇年。ドイツ生まれのアメリカの社会心理学者、精神分析学者。フロイト左派と呼ばれる。ニイルについては、サマーヒルの教育の根本原理は「生きることへの愛」だと評価する。著書には、『自由からの逃走』『疑惑と行動』（以上、東京創元社）、『愛するということ』（紀伊国屋書店）、『正気の社会』（社会思想社）などがある。

―― 11 ――

日常生活を見つめさせたすぐれた実践家、無着成恭の名言「学力とは、自分を生かすための力」

私の家には銭がない

私の家には田がない。米は全部配給だ。だからコメの配給日の十日ぐらい前から、米をうけるぜにのことで、いつも父と母がごたごたけんかするのだ。

この前も、朝こっぱやく、父と母がいいあいをしているので目がさめた。母は、「米ぁまた五千円ちかくさあがるったンがえよ。」といっていた。それで終わった。その前にももっといいあいをしていたのにちがいない。いつも、「田こせらんなね。」というところでけんかはおさまるのだから。

田だ。田さえあれば、自分で食うだけのコメはとるのだから、とった金はのこると思う。父は葉煙草の収入で堤を作るといっていた。私は田をつくるのだ。

(小笠原勉)

無着成恭が担任をするクラスの作文を編集して出版した『山びこ学校』の中の一文である。無着は戦後、山形県の貧しい山の村の学校に赴任し、子どもたちに自分たちの日常生活を見つめさせるすぐれた実践家として知られるようになった。

　　学力とは、自分を生かすための選択力であり、判断力なのだ。

（無着成恭『山びこ学校』岩波文庫）

という無着のことばは、小笠原少年の作文を読めばよくわかる。

この本は映画にもなり、現在は岩波文庫の一冊として読み継がれている。

■考えて書く書いて考える

『山びこ学校』の「あとがき」で、無着は、戦後誕生の新しい教科である「社会」の考え方に触発されたと書いている。しかし、彼の仕事は、専門家の間では、戦前の生活綴方運動の再生だと見られている。生活綴方とは、戦前、学校教育が軍国主義と国定教科書に貫かれている時に、子どもたちに生活の現実に目を向けさせ、考えさせることをねらいとして展開された現場教師の教育運動だ。貧困や社会的不平等を見つめ、そこから考える力と生きる力を育てようとする。もっとも盛んだったのは秋田など東北地方だったので、北方教育とも呼ばれた。峰地光重、成田克久、小砂丘《ささおか》忠義、国分《こくぶん》一太郎などが知られている。（国分は岩波文庫の『山びこ学校』の解説を書いている）

これは、たんなる作文教育ではない。良心と熱意のある教師による一種の教育改革であり、抵抗運動でもあったのだ。だから当然ながら、権力からは危険視され、やがてその担い手の教師たちは一斉に検挙され投獄されてしまった。

無着成恭もまた、子どもたちが現実について考え、そしてまた現実を見つめて書く、という教育を展開した。そして、その彼もまた、映画化の後「村の恥をさらした」と非難されて村を去ることになったのだ。

過疎の村から考える

今から十二年前、きのくにの「わらじ組」の中学生が素敵な本を書いた。書いただけではない。実際に黎明書房から出版したのだ。タイトルは『山の村から世界がみえる』という。(二〇一九年に増補版がでた。写真)

学校のある橋本市彦谷の過疎化の進行はすさまじい。亡くなった区長さんの話では、昭和の初めには、子どもが一〇〇人近くいたという。しかし、今、村に住む人は十五人にも足りない。老いも若きも、どんどん山を下り、かつて苦労して開墾した水田は草ぼうぼうで、イノシシが闊歩している。

どうしてこんなことなったのだろう? 故郷を簡単に捨てられる人はないだろうに!

中学生たちは区長さんに連れられて村を回った。土壁の崩れた廃屋や、かつての水田にはびこる雑木を見て心を痛めた。村のお年寄りや、町へ降りた人たちから話を聞いた。過疎化の歴史も調べた。そして、知ったのだ。山村の過疎化は、高度経済成長の波の一部であることを。村だけの問題ではない。自分たちの生きる社会の問題でもあることを。『山の村から世界がみえる』という書名には、彼らの驚きと、深い思いが込められている。わらじ組の彦谷研究は、生活綴方と『山びこ学校』の実践の系譜につながる立派な仕事である。

福井のかつやま子どもの村の中学では、同じ問題意識を持って「消えた村」の研究を行った。その成果は、『中学生が書いた消えた村の記憶と記録』（黎明書房、二〇一四年。後、増補版を刊行。写真）となって結実した。

●無着成恭（むちゃくせいきょう）：一九二七年、山形生まれ。山形師範学校卒、山形県南村山郡山元小学校教諭、五一年『山びこ学校』出版。翌年、映画化。五二年、明星学園に移り、後に教頭。八三年、退職。著書に、『教育ノート』（凡書房）、『ぼくの青年時代』（国土社）などがある。

―― 12 ――
サマーヒルの創設者ニイルの名言「子どもは一瞬一瞬を生きている」

■子どもはあらゆることに我を忘れる

子どものころには時間というものはほとんど存在しなかった。そして、一年ともなると、とてつもなく長い時間に感じられた。子どもはその一瞬一瞬を生きていたからだ。白か黒のいずれかであった。中間の灰色は存在しないのだ。うれしくて喜んでいるか、それとも悲しんでいるかのどちらかである。

（ニイル、堀真一郎訳『新訳ニイルのおバカさん』黎明書房）

ニイルの自伝『ニイルのおバカさん』の一節である。子どもの意識には、過ぎ去ったことや、遠い将来のことはない。あるのは「いま」そして「ここ」だけだ。子どもが元気なのは「今、ここ」に熱中している時である。

幼稚園の創設者、フレーベルは言い切っている。遊びに没頭している子ども、そして遊びへの完全な没頭ののちに疲れて眠り込んだ子どもの姿こそ最も美しい。遊びにのめり込んでいる子どもには過去も未来もない。ただただ「今」があるだけだ。その「今」さえ意識されていないだろう。子どもが熱中するのは、世にいう遊びばかりではない。さまざまな活動や学習や仕事に子どもは我を忘れる。そして、成長する。

過去と将来に支配された教育

ルソーは、二五〇年も前に子どもの現在を無視して先を急ぐ教育に警告を発した。

> **子どもの本性は、子どもが大人になるまでは子どもであることを求めている。人は、理性を用いて理性的な子どもを育てようとしてる。それは、ものごとの終わりからものごとを始めようとするのと同じだ。**
>
> （ルソー、今野一雄訳『エミール』岩波文庫）

アメリカのデューイは、同じことを「連続性の原則」ということばで論じている。教育とは「先の経験が後の経験を導くように経験を不断に再構成することだ」。大事なのは結果としての成長（growth）ではない。成長しつつあること（growing）なのだ。

しかし、世の中には、はるか過去の出来事や死後を教え込む教育が氾濫している。また、遠い将来の準備だといって、早くから受験教育が押し付けられている。

子どもに現在とは無関係な目標を強いてはいけない。そんな遠い目標に熱中はできない。子どもたちが持ってもいいのは近い目標、つまり見通すことのできる目標だ。
たとえば、今、きのくにの工務店クラスの子どもたちは、毎日の生活と遊びを充実させるという明確な目標を持って、「おもちゃ博物館」づくり（写真）に挑戦している。

彼らには、将来の準備などという目標はない。遊び空間を広げること、そして、苦労しながら大きな仕事に挑む楽しさを味わう。それが目標なのだ。

そして、その結果として心理的に解放され、考える力をきたえ、共に生きるスベを身につける。これこそが、彼らの将来への何よりの準備なのだ。ひとこと付け加えると、彼らが普通の高校へ進学した後の成績は素晴らしくよい。

13

罪障感から子どもを救ったニイルの名言「問題の子どもというものはない」

私は問題の親です

問題の子どもというものは決してない。あるのは問題の親ばかりだ。

（ニイル『問題の親』）

「この本に書いてある通りです。私は、どうしようもない親です。反省しています。」

あるお母さんが、そういってニイルの『問題の親』を返しに来た。私がまだ大阪市立大学に勤めていた頃だ。「しまった。貸すんじゃなかった」と悔やんだ。でも、もう遅い。この人は、ひとしきり反省の弁を述べた後、「大変失礼しました」といって帰って行った。帰りがけのさびしそうなひとことが忘れられない。

「先生、私は、自分の親からかわいがられた記憶がありません。」

このお母さんは、この日以来、ぷっつりと研究室には顔を出さなくなってしまった。

この人は、息子が私の幼児教室に参加していて、同時並行の「母親教室」の熱心なメンバーでもあった。身なりをきちっとしていて、マメにノートもとる。始まりの時間に遅れたこともない。若いお母さんに助言もする。しかし二つの点で際立っていた。

一つは、わが子に対する絶え間ない注意だ。ほんの些細なことでも、細かく、そして延々と小言とお説教が続く。

もう一つは、「私が至りませんで……」とか「反省しています」という自己否定のことばである。

困った子は不幸な子

困った子どもというのは、実は不幸な子どもである。彼は内心において自分自身とたたかっている。その結果として外界とたたかう。

ニイルの『問題の子ども』の冒頭のことばである。親や教師からの禁止、しつけ、暗示などが超自我として内面化され、子どもの持って生まれた生きる力との間に葛藤をひき起こす。超自我は、無意識の深層で「お前はダメな子だ」とささやき続ける。この自己否定感、ニイルのことばでいえば罪障感が子どもの心をかき乱し、生気を奪う。エーリッヒ・フロムは喝破している。

罪悪感は子どもを権威に結びつける。罪悪感は自立に対する障害となる。
（ニイル、霜田静志訳『人間育成の基礎』誠信書房、へのフロムによる序文）

困った親も不幸な親

「困った子どもとは……」というニイルのことばは、さらに続く。

困った親も同じ船に乗っている。

冒頭に紹介したお母さんも、そういう気の毒な一人であった。二、三年後に偶然に知ったのだが、この人の母親というのが大変な親だったらしい。小言や叱責はいうに及ばず、娘をしょっちゅう叩いたり、恥をかかせたりしたという。

そして、やがて自分を好きになれないだけでなく、同じように我が子を受容し肯定するのが苦手な、しかも些細なことに不満やいら立ちを覚えずにいられない不幸な母親へと育ててしまったのだ。

こういう人にとって、教育書、子育て講座、専門家のアドバイスなどは、十分な効果があるとはいいがたい。

学校の教師にも同じことがいえる。ときどきは自分自身の内に不自由な超自我が潜んでいないか、自己点検してみるとよい。

――14――

旅と教育の名言「かわいい子には旅をさせよ」

■もっと遠くへ、もっと欲張って

子どもの村では、小学生も中学生も高校生も、みな旅行が大好きだ。好きだというだけではない。ユニークなのだ。

三つの大きな特徴がある。

1　子どもたちが計画を立てる。

2　とても欲張りである。

3　柔軟に旅程を変える。

小学六年生の修学旅行の場合、四校どこでも四泊五日以内、週末を活用する、費用は三万円まで、という条件の中で、精いっぱい欲張って計画を練る。自分たちで旅行案内を駆使し、パソコンで調べて、行きたいところを出し合う。候補地は山ほど出てくる。おおよその行先が決まるまでに一か月はかかる。それからまた交通費や宿泊代や入場料などを計算してスケジュールを練り上げる。大仕事なのだ。

中学校では、何校かが合同で出ることが多いので、話し合いと調整にもっと時間がかかる。

計画段階から真剣勝負

高等専修学校ではさらに大変だ。そもそも修学旅行ができるかどうか決まっていない。自分たちで話し合い、綿密に計画を立てて、それから校長にアピールする。なぜ行きたいか、費用は大丈夫か、どういうメリットがあるのかなど、上手に説明しないとOKが出ない。

しかも、その綿密な計画は、しばしば旅の途中で、慎重かつ大胆に変更されるのである。

旅は教育の総仕上げ

子どもは、甘やかして育てるより、手元から離してつらい経験をさせ、世の中の辛苦をなめさせた方がよい。

『広辞苑』（岩波書店）は、「かわいい子には旅をさせよ」の意味をこのように解説している。子どもを自立させるには親元から離して自立させよ、というわけだ。

子どもの村が旅を大事にする理由は、これとは少し違う。

旅には、日常生活や古い感覚から解放される快感、そして自分自身を感じる喜びがたっぷりある。

旅には、新しいものに触れる楽しさがある一方で、事前にも途中にも知恵を絞り工夫する必要に迫られる。

旅は、世界の事象に広く目を開かせると同時に、さまざまな人々に触れさせてくれる。

旅は私たちの感情を解放し、自己意識を育て、知識を与え、知的探求の興奮を味わわせてくれる。


社会的関心を高め、多くの触れ合いのチャンスを提供する。

ひとことで言えば、子どもにとっても、大人にとっても、人間としての全面的な成長の糧となる。

子どもの村の旅行は、プロジェクトそのものなのだ。

背後に見えるのは世界で最初のコンクリート製の鉄道橋。１日に１～２回，蒸気機関車に引かれた列車が走る。

＜スコットランドに修学旅行＞（写真）

グレンフィナンだよ全員集合（三校合同）
キルクハニティのないスコットランドなんて。ハイランド旅行のないキルクハニティなんて。グレンフィナンのないハイランドなんて。ここは三つの理由で人気のスポットです。
1　二六〇年前、チャールズ王子が王位奪還の兵をあげた。
2　世界最初のコンクリートの鉄道橋がある。
3　ハリーポッターの第二作の舞台になった。

―― 15 ――
反戦平和を貫いたジョン・エッケンヘッドの名言「戦争の時代は憎しみの時代である」

■偏向教育？

ある保護者から学園にくりかえし電話がかかってきた。

「参議院選挙の前に、中学生ミーティングで、自民党が勝つと戦争になる、といった先生がいるらしい。それは本当か。どの先生か。」

現政権の政策を見ていると、そのうち戦争になるかもしれない、心配だ、という意味の発言をした教員がいるのは事実である。

この人は強い調子で続けた。

「どうして学校の先生が中学生にそんなことをいうのか。」

私は率直に答えた。

「○○さん。私だって同じように考えていますよ。どの政党がいけない、という話ではありません。憲法九条を変えて集団的自衛権を認めたら、戦争ができるようになります。子どもの村は、戦争に道を開くような動きには反対です。」

彼女は納得しなかった。私も、学園の根本理念にかかわる問題だから妥協はできない。一か月後、子どもを転校させようかと考えていると連絡があった。

反戦平和に徹す

スコットランドの私立寄宿学校・キルクハニティは、反戦平和を貫きとおした学校であった。創立者のジョン・エッケンヘッドは『進歩主義私立学校』(*H.A.T.Child:Independent Progressive School, Hutchinson,1962*) という本に寄稿して次のように書いている。

戦争は憎しみの時代だ。だから愛に基礎を置く学校をつくろう。戦争は破壊の時代だ。だから創造が中心の学校をつくろう。人は私に戦争が終わるのを待てという。しかし戦争の時代だからこそ、こんな学校をつくらねばならない。

ジョン校長は徹底した平和主義者だ。召集にも応じず良心的兵役拒否を申し立てた。これはクエーカー教徒などごく一部の人にしか認められない。ジョンは無信仰の人だ。認められるはずがない。しかし奇跡的に認められた。ただし条件つきだ。

「軍用道路の建設に従事せよ。」

ジョンはこれも拒否した。受け入れれば戦争に協力することになるからだ。上級審では、兵役は免除するが地域の消防団に入れと裁定が下った。学校にはドイツ軍の空襲から逃れてきた子どもが沢山いる。彼がいないと学校の存続は無理との判断であろう。ジョンはこの決定を受け入れた。

しかし彼の平和主義は、それだけでは終わらなかった。なんと大戦の前半には敵国であったイタリアの少年を生徒として受け入れ、あろうことかドイツ人の教師を採用したのだ。地域の人々は腹を立てた。売国奴だ、許せん、というので待ち伏せされて車から引きずり出され、殴る蹴るのリンチを受けたこともある。それでも彼は反戦平和の言動を決してやめなかった。

中学生は真剣に考える

ニイルもまた反戦平和を貫いた人である。彼は第一次世界大戦の直後、ドイツのドレスデンで国際学校を開いた。敗戦後のマルクの暴落が幸いした。これが、後のサマーヒル・スクールだ。

この時、ニイルはドイツ国民、とくに若者の心にイギリスやフランスに対する憎しみが燃えたぎっているのを実感した。彼は「ドイツ人は必ずまた戦争を起こすだろう」と予言している。そして、

「人々の心に宿る憎しみをなくすことこそ自由学校の使命だ。」

と強調するようになった。

ニイルは、実際に行動もした。八十歳に近い頃、原子力潜水艦基地に反対するデモにも参加して拘束され、拘置所で一晩すごしたこともある。

今年(二〇一一年)は、きのくにの中学校開校二十周年にあたる。中学生たちは何か月も前から準

備を始めた。記念のシンポジウムのテーマとして差別、いじめ、過疎化、貧困、福祉問題などを検討し、最終的に選んだのは「戦争と平和を考える」だ。

子どもの村というのは、そういう学校である。

●ジョン・エッケンヘッド：一九一〇〜一九九八年。グラスゴー大学卒業後、公立学校の教師時代にニイルを知り、一九四〇年、スコットランド南部のキャッスルダグラス近郊にキルクハニティ・ハウス・スクールを設立する。「私はニイルの思想に食いついて、釣り糸も釣り針もおもりもみんな飲み込んでしまった」と書いている。「共に生きる」を学校の根本理念とした。口癖は「Small Is Beautiful」。一九八八年と一九九四年にモラグ夫人と共にきのくに子どもの村を訪れた。

16

プロジェクトを提唱したキルパトリックの名言「学習とは行動の法則の獲得だ」

九九がいえる子、九九をつかえる子

何年も前のこと。子どもの村へ転校してきた六年生が、「かず」のプリントを前に頭を抱えている。

「キルクハニティのジョン校長は一九一〇年生まれ。奥さんのモラグは、一九一二年生まれです。どちらが何歳年上？」

彼は真剣な顔で訴えた。

「ぼく、前の学校で、年齢の出し方を教わっていない。……。教わったかもしれないけど、忘れた。やり方、教えて。」

二ケタのかけ算や割り算でもできる子だ。

こんな五年生もある。

「ある子が十円玉を五つ持っていました。七個になりました。どれだけふえたでしょう。」

この子はくり上がりやくり下がりのある足し算・引き算はもちろん、二ケタのかけ算も割り算もできる子である。とうとう、

「どういう意味がわからへん。」

といって涙ぐんでしまった。

やり方だけ教えて

高学年で転入してくる子、特に算数教室やナントカ・ゼミの子の中には、耳を疑うようなことをいう者がある。文章題ばかりのプリントを前に、ある五年生。

「ねえ、これ、なんて書いてあるの？」

「まあ、読んでみて。」

「うわー、めんどくさ！」

「読めばわかるよ。」

「意地悪！……意味不明っ！」

「……」

「ねえ。お願い。お願いだから、やり方だけおしえて。」

「やり方を教えたら、ぜんぶ教えたのと同じだ。やり方を考えるのが、子どもの村流だよ。」

多くの子は、学校や塾で「公式」を覚え、数字の操作をする。そして、その操作が正しいか否かの

判定は教師が行う。

子どもの村では、九九表は子ども自身がつくる。実際生活や身近な問題で応用したり確かめたりする。そして公式や知識の有用性と必要性を実感する。この違いは大きい。

目的のある活動が学習を確かなものにする

学習とは行動の法則の獲得だ。一つのことが学習されるとは、それができること、そして将来においても為し得るということだ。

（キルパトリック、西本三十二訳『教育と文化の革新』表現社）

デューイの高弟で同志でもあるキルパトリックのことばである。彼は、次のような手順で行われる学習をプロジェクトと呼んだ。

1　目的の設定

子どもたち自身が目的や夢を持って活動に着手する。

2　計画の立案

目的遂行のための具体的な見通しや仮説を持つ。

3　実行

目的に導かれ計画に沿って実際に行動する。

4 評価

活動の成果を確認して以後の行動のための財産とする。

キルパトリックによればプロジェクトとは「社会的環境の中で全精神を打ち込んで展開される目的ある活動」である。

子どもの村のプロジェクトはアイデアの生まれ方は少し違っている。しかし、デューイの理論を援用したものであり、実際の中身は共通するところが多い。そして、プロジェクトということばそのものは、これから借用したものだ。

●W・キルパトリック：一八七一〜一九六五年。一九一八年、コロンビア大学ティーチャーズ・カレッジ教授に就任。同時にデューイと共同でプロジェクト・メソッドを提唱。デューイの理論の最も有効な実践方法として大きな影響を与える。日本では「構案法」と呼ばれた。著書には、『教育哲学』（明治図書）、『教育と文化の革新』（表現社）などがある。

―― 17 ――

生活教育の先駆けトルストイの名言「教育学の唯一の基準は自由である」

■農民の自立を促す教育

すべての幸福な家庭は同じように幸福であるが、すべての不幸な家庭はそれぞれに不幸である。

トルストイの長編小説『アンナ・カレーニナ』(中村白葉訳、河出書房新社)の冒頭の名句である。トルストイは『戦争と平和』『イワンのばか』『クロイツェル・ソナタ』『復活』などの小説で有名なロシアの文豪だ。しかし彼が教育に深い関心を寄せ、『国民教育論』という本を書き、しかも郷里のヤースナヤ・ポリャーナに実際に学校を開いたことは、一部の教育学研究者のほかには余り知られていない。

国民学校で何を教えるべきか、という問いに対する答えは、国民からのみ得られる。……言語と算術にかんする基礎知識が、あらゆる知識を獲得する道を開く。

（トルストイ、海老原遥訳「国民教育論」世界教育学選集『ロシヤ国民教育論』（明治図書））

トルストイが国民教育という時の国民とは、近代国家がその発展のために義務教育の制度を作る、といった意味での国民ではない。ロシア語の「ナロード」。つまり庶民、大衆、人民という意味だ。具体的には農民、あるいは「農奴」である。

トルストイの学校の目的は、農民が精神的にも、経済的にも自立するのを支援することであった。「ことば」（ロシア語とスラヴ語）および算数は、そのための道具である。つまり無知、貧困、迷信などに貫かれた農民やその子どもたちが、主体的に学びみずからを解放していく力をつけるための道具である。

■生活教育の先駆け

教育の題材は、生活によって提起された問いのほかには有り得ない。……（しかし）生活が提起する問題に子どもは答えを与えられることはない。

（同前）

トルストイは、当時の学校教育の内容にも方法にも大きな疑問を抱いていた。学校では、農民や子どもの実生活とは無縁の価値が教え込まれている。あるいは国家にとって都合のよいことばかり注入されている。要約すれば、教師中心で、抽象主義の詰め込みで、国家中心主義の教育は、子どもたちの自由な人間への成長を阻害している。

教育学の唯一の基準は自由である。教育の唯一の方法は経験である。

（同前）

現代風にいえば、教え込む教育から子どもが考える教育へ変わらねばならない。覚える教育ではなくて、主体的に生きる力をはぐくむ教育が大事だ。トルストイの教育論には、やがて二十世紀初めの欧米の進歩主義教育へとつながる一面がある。

知識の伝達よりみずから学ぶ力。子どもが太陽。個人の解放と自立による社会の自己更新。こうした基本理念を掲げ、その具体的な方法として「為すことによって学ぶ」を提唱したデューイは、まもなく登場する。

昼間子ども強制収容所？

既存の学校に対するトルストイの批判はまことに激しい。

学校は、子どもにとっては、自分たちを苦しめるための施設だと思われている。子ども時代の

いちばん大切な要素である自由行動を奪う場所だ。従順と大人しさが主要な基準であり、……定規とかステッキとかで、あらゆる行動が罰せられる場所なのだ。（同前）

刑務所のようにつくられた学校では、質問も会話も動きも禁止されている。……教師たちは自分勝手に教えようとする。うまくいかなければ、教え方を改めようとはしないで、子どもの本性そのものを改めようとする。（同前）

意外かもしれないが、トルストイは現代のフリースクール運動にも影響を与えている。たとえばファースト・ストリート校（ニューヨーク）のジョージ・デニスンは、最も多くを学んだのは、デューイとニイルとトルストイだと述懐している。

●トルストイ：一八二九～一九一〇年。ドストエフスキーと双璧をなすロシアの小説家。二三歳で『幼年時代』を発表して注目され、その後クリミヤ戦争に従軍。人間の醜さと崇高さと混乱を目の当たりにする。これが大作『戦争と平和』につながる。晩年は求道者として生きる道を選ぶ。

―― 18 ――

なぜ子どもは学ぶのかの名言「好きこそ物の上手なれ。(What one likes,one will do well.)」

なぜ勉強しなくてはいけないの?

勉強すれば、みんな賢くなって世界中が平和になる。

勉強は社会へ出るためのパスポートだ。教育のないものは社会で肩身の狭い思いをする。

学歴が生涯賃金の格差を生む。高賃金の職業がいい職業だ。

学歴がなくて成功したのはごく少数の幸運な人だけだ。

世間では学力が人物評価の基準になる。それが現実だ。

国民の学力の低い国は滅びてしまうだろう。

学力が低いと社会では騙されて損をする危険が高い。

学力が低いと社会に出ても好きなことができない。

基礎学力は強制してでも年少のうちに叩き込むべきだ……

子どもは納得しない

以上の理屈（または屁理屈）は、ＮＨＫの岡山支局が放映した討論番組で、大人たちが披瀝したものだ（二〇一四年六月六日）。

これに対して参加した小中学生そして高校生たちは実に明快かつ、さわやかに反論した。

番組の製作スタッフたちも「子どものほうがずっと筋道が通っている」と感じながら編集したという。視聴者からの反応も同じだったらしい。

そもそも大人たちの前提はこうだ。

勉強はつまらない。でも子どもは勉強をしなくてはいけない。つまらなくてもヤル気を出さなくてはいけない。

面白いから学ぶ

デューイの著者に『教育における興味と努力』

ビー玉を使って九九表をつくる小学１年生

というのがある。子どもが学ぶのは、学ばねばならないからではない。興味と努力は対立するものではない。子どもは興味のあることには努力もいとわないものだ、という趣旨のタイトルである。子どもは、そして大人も楽しければがんばるのだ。

勉強は楽しくなければならない。すでに四〇〇年も前にコメニウスが説いている。学校教育による祖国ボヘミアの解放を夢見た彼は『大教授学』という大著によって、西欧の教育家に大きな影響を与えた。この本のタイトルは実はとても長い。

『すべてのことを、すべての人に教えるための普遍的な技術を論述した大教授学、あるいは、すべてのキリスト教国のすべての教区、都市、村落において男女両性のあらゆる若者が、一人も除外されることなく、迅速に、愉快に、徹底的に科学を学び、特性を養い、敬虔の心を……』

■「面白い」とはどういうことか

四世紀も前、コメニウスは「すべての子どもが、素早く、楽しく、そして効果的にまなぶべし」と説いた。彼が現代の子どもを見てどういうだろうか。「だらだらと、いやいや強制され、無駄に勉強させられている」と嘆くのではないだろうか。

子どもの村の学習の中心はプロジェクトである。一人ひとりが楽しいから学ぶ。そうすれば結果がついてくる。基礎学習もこれと結び付けておこなわれる。

楽しく学ぶためには、対象に興味を持たねばならない。「興味」とは何か。

興味は英語で「インタレスト」interest という。inter は「間を結ぶ」という意味の接頭語で、est は Be 動詞の is（在る）だ。つまり心と対象の事象や世界とがつながっている状態である。その時われわれは「面白い」interesting と感じる。

子どもの心を対象に結び付けられない大人たちは、強制、脅し、罰、誘導、ご褒美など、第三の卑怯な手段を使う。対象そのものの魅力（ひきつける力）こそが学びの原動力でなくてはいけない。

●コメニウス：一五九二〜一六七〇年。ボヘミア（現在のチェコ）の教育思想家。ボヘミア同胞教団の牧師。すべての人々が平等に学ぶ学校システムを提唱。実物教授、漸進教育（発達段階に従う教育）などの原則を唱え「教育学の父」「教授法の祖」と称される。著書には、『大教授学』（稲富栄次郎訳、玉川大学出版部）などがある。

19　個性尊重の教育を求めた上田薫の名言「カリキュラムは、子どもごとに立てられなければならない」

子どもを評価する基準

かなり前のことである。ある大新聞の教育担当の記者がオランダの学校を取材に訪れて、担任に質問をした。

「このクラスでいちばんよくできるのはどの子ですか。」

ところが担任の教師は質問の趣旨をわかってくれない。そのような概念はないといわれてしまった。ここでこの記者は、ハッと気がつく。

そうだ。「よくできる子」とは、一つの評価基準をすべての子に適用して初めていえることなのだ。子どもは一人ひとり違う。だから一律の基準で子どもを評価してはいけない。記者は、オランダと日本の学校で子どもを見る目が違っていることを痛感したという。

日本のほとんどの教室では、同じ教材で、同じ場所で、同じ方法とスピードで、そして同じゴールに向かって学習が進む。個人差を大事にする余裕はない。

共通性にとらわれるな

上田薫は、こうした画一的で出来合いの知識を伝達する授業に警告する論陣を張ってきた。

個が生きる教育を真に成り立たせるためには、共通性への信仰を捨てることが根本的条件である。……共通性にとらわれれば、みずみずしい個の働きは抑圧される。

（上田薫『人間の生きている授業』黎明書房。以下同）

価値が多元化しないかぎり、個が生きる教育などそもそもが成り立ちえない。……

また、こうもいっている。

もし教師が子どものいのちの場所に正対すれば、他の子と同じカリキュラムを同じやりかたで指導するということがどれほど愚かしいか、かならず思い知るはずだと思う。

世の中には、子どもに同一の学習や経験を与え、同一の基準で評価していながら、個性尊重を謳うという困った人がなんと多いことだろう。もっとも上田薫は、個が輝くためには個別に指導せよ、といっているのではない。むしろ個性は集団で輝くと警告してもいる。ご注意を。

子どもに困らせよ

子どもの個性が輝くためには子どもが五感をはたらかせ、手と体をつかって考えるのでなければならない。教師が既成の知識や技能をむやみと与えてはいけない。

自前で困りぬくということが、学ぼうという姿勢、また生きた学力とよぶべきものを育てる基本条件である。だから教師は子どもを迷わせねばならない。手がかりも不十分にしておかねばならない。

多く教えることは人間の知的成長を弱化させるものだ。

教師にも個性と自由を

上田薫は、教育の荒廃の原因は、教師から自由を奪った教育体制にあるとみている。

受験体制が教育をゆがませたにはちがいないが、教師が不満を持ち、あきらめ、意欲をなくし、安きに走るという状況に落ち込んでいなければ、荒廃などと呼ばれる現象は生じなかった。中央統制・上位下達の管理体制を廃棄してみよ。一時混乱するように見えても教育界は必ず活力をみなぎらせるようになる。

●上田薫（うえだかおる）：一九二〇～二〇一九年。大阪府生まれ、京都帝国大学文学部在学中に学徒出陣。復員後、文部省で社会科の新設にかかわる。名古屋大学、東京教育大学、立教大学で教えたのち都留文科大学学長。社会科の初志をつらぬく会会長を長らく務めた。著書には、『上田薫著作集・全十五巻』（黎明書房）など多数あり。

――20――

ベストセラー『育児の百科』の著者、松田道雄の名言「偏食だけでは死にません」

■先生が机にパンをかくしてる

これは、小学生の書いた川柳である。この先生、気の毒にも、給食のパンが食べきれなくて教卓の奥へ押し込んだのを目撃されてしまったのだ。

幼稚園でも小学校でも給食が食べられなくて、毎日、死ぬ思いをしている子が少なくない。おなかがいっぱいであろうと、苦手な食品であろうと、とにかく残してはいけない。ほかの子が遊びに行ってしまっても、後かたづけが始まっても、最後まで食べきらないと許してもらえない。これは基本的人権の侵害であり、一種の拷問といわねばならない。

■酢の物は体によいか？

ある小学校で給食にキュウリの酢の物が出た。子どもたちはこれを敬遠し、九割以上が残飯になってしまった。女性の教頭が親の会で涙を流さんばかりに力説した。

「お酢は体によいのです。子どもの体には必要です。ご家庭でも好きになるようにしつけていただかないと困ります。九〇パーセントも残すなんて異常です。……」

異常なのは子どもではない。そんなにも残るようなものを平気で昼ごはんに出す学校または給食センターの方が、異常なのだ。

酢が体によいというのなら、子どもがお代わりをせがむような味付けにしてもらいたいものである。

好き嫌いは悪なのか?

キュウリの酢の物が食べられなくても、健康で素敵な子どもは山ほどいる。酢の物が苦手だから体が虚弱だとか、性格がゆがんでいるとかいう子など、どこにいるというのだろう。

大人が子どもの好き嫌いにうるさいのはなぜか。ほとんどの人は「栄養のバランスが大事だ」という。しかし栄養のバランスのために、すべての食品をまんべんなくとる必要はない。松田道雄もいっている。

偏食だけでは死にません。

(松田道雄『松田道雄の育児相談』小学館)

もし必要な栄養素を必要な量だけとるように計算して宇宙食のようなものを強いられたら、これも迷惑至極だ。

大人が好き嫌いを気にする第二の理由は「しつけ」である。イヤなものでも、美味しくなくても、我慢して食べること、そのことが大事らしい。皮肉なことに、この「我慢するクセをつける」という目的達成のためには、料理は美味しくない方が好都合なのだ。

子どもの村の経験では、大人が好き嫌いや栄養にうるさすぎると、子どもに何かと問題が起きかねない。ご用心！

■プロジェクトは栄養満点のごちそう

栄養のバランスと好き嫌いの関係は、学校のカリキュラムの問題と似ている。

日本じゅうのどの子も同じように成長させようと栄養価計算をしてできたのが、学習指導要領と検定教科書という全国共通メニューだ。

子どもの体位も成育歴も嗜好も、地域差も料理人の腕もみんな無視して、どの子にも同じ食材を同じ量だけ、同じペースで食べよというのだ。それだけではない。蛋白質をとるためにAの食材を何グラム、脂肪と炭水化物にはBとCを何グラム……学校というレストランでは、こんなふうに調理されたまずい料理を、子どもたちは我慢して食べている。

子どもの村の食事は社交の場。おおいに会話を楽しもう。黙りこくって食べるのはマナー違反。

料理でいちばん大事なのは「美味しい」ということだ。子どもの村のプロジェクトは、子どもが大好きなご馳走である。さまざまな食材がふんだんに使われ、結果的に栄養面でもバランスが取れている。

●松田道雄（まつだみちお）：一九〇八〜一九九八年。茨城県に生まれ京都大学医学部卒業。京都府勤務ののち小児科を開業。一九六七年からは文筆活動に専念。社会問題にも積極的に発言した。著書は、『定本　育児の百科』、『私は赤ちゃん』（以上、岩波書店）、『松田道雄の育児相談』（小学館）など多数。

――21――

権威主義を嫌ったニイルの名言「よい教師は子どもと共に笑う」

■ニイルの教員採用試験

「子どもたちからバカといわれたら、君はどうしますか。」

サマーヒルのニイルは、教師志望者に、しばしばこのようにたずねたという。みなさんはどうしますか？

ムッとした顔になる。

無視する。無理に笑う。

「バカで悪かったね」と応じる。

「こらーっ」といって追いかけまわす。

お説教する。さて？

サマーヒルでは、子どもからバカといわれて気を悪くするようでは、教師としても寮母としても務まらない。

子どもの村の経験では「もう許さない」といって追いかけるのが一番よさそうだ。もちろん本気でつかまえてはいけない。鬼ごっこを楽しむのだ。子どもは「キャッキャ」いって逃げるのを楽しむだろう。そしてその大人が大好きになるに違いない。

■「先生」のいない学校

子どもの村には先生がいない。先生役の大人はいるけれど、先生とは呼ばれない。なぜか？

その理由は、先生と呼ばれる必要がないからだ。そして、その方が子どもも大人も快適でハッピーなのだ。子どもにしてみれば「清水先生」よりも「なおちん」のほうが、ずっと親しみを感じるし、信頼感も湧く。心を開くことができる。

中には「それで教師の権威は保てますか」と質問する人がある。心配は無用。少しも困らない。その種の権威は必要ない。むしろ有害である。

きのくに子どもの村学園の修学旅行。スコットランドにて。(『ピーターパン』の作者，ジェームズ・バリーの生家で)

教師の権威とはなにか

『広辞苑』によれば、一般的に権威とは「他人を強制し服従させる力。人に承認と服従の義務を要求する精神的・道徳的・社会的または法的威力」のことだ。ひとことでいえば他人を従わせる力といえるだろう。では、何によって従わせるのか。

エーリッヒ・フロムは、権威を合理的な権威と非合理的な権威にわけて論じる。まず合理的な権威は、その人の人柄や能力に由来する。本人が「従え」と指示や命令をしなくても、その人を尊敬し信頼して、その言動を受け入れる場合の権威である。

非合理的つまり権威主義の人はそうはいかない。権威を維持するためにさまざまな手段が必要だ。規則や儀式、地位を表す呼び方（「先生」はその一つ）、服装、巧妙なことばづかい等である。権威主義者は権威の保持にけっこう苦労するのだ。

ニイルの言葉を戒めとしよう。

もっともよい教師は子どもと共に笑う。もっともよくない教師は子どもを笑う。

(*A.S.Neill : Talking of Summerhill, Victor Gollancz, 1967*)

――22――

ゆるす愛の有効性を実証した伊藤重平の名言「愛は裁かず」

■たった ひとことで

「Yくんが、またあばれてる。」

「部屋中のものを投げるんや。」

「たたかれてメチャ痛かった。」

数人の男の子が口々に叫ぶ。Y君は、私に後ろから抱えられていて、はげしくもがく。

「はなせ、はなせ！　クソッ！」

男の子たちが訴える。

「Yくんは、いつもこうなんや。」

「ぼくら、何もしてないのに、暴力をふるう。」

「ほんとに、ワケわからんわー。」

Y君はますますたけり狂う。

私がひとこと口をはさんだ。

「Yくんが、ワケもなく暴れるとは思えないね。きっとワケがあると思うよ。」

その瞬間、Y君の抵抗はぴたりとやんだ。そして一呼吸おいて、小さい声で、しかしはっきりといった。

「ごめん。」

じつはY君には、ときどき自分でもどうにもできない気分になる個人的事情があった。暴れてはいけないと説教される代わりに、自分のその気持ちをわかってもらっている、受け入れてもらっていると感じた時、「ごめん」ということばが自然に口をついて出たのだ。

子どもを裁くことば

世の中には子どもを責めることばがあふれている。

「そんなことでどうするの。」

「何度いったらわかるの。」

「先が思いやられる。」

「いったい誰に似たんだろう。」

「よく考えたらわかるでしょう。」

などなど。ひどいのになると、

「あーあ、こんな子になってほしくて生んだんじゃないわよ！」

そして、しばしば肉体的苦痛が加えられる。こんな言い方をされて、素直に反省する子があるわけがない。しかも、こんな言い方を繰り返されて大人になった人は、やがて、自分の子どもにも同じことをいい続ける。裁かれ続けた子は、裁き続ける大人になるだろう。失敗しても間違っても責められないでゆるされる子は、人をゆるす大人になるに違いない。

あやまってガラスコップを割ってしまった子に、「不注意だ」と叱る大人は不幸だ。「指をケガしなくてよかった」と喜ぶ人は幸福である。

愛は愛を育て 憎しみは憎しみを育てる

子どもを裁かず、ゆるすことこそ、愛である。

（伊藤重平『ゆるす愛の軌跡』黎明書房）

長年「子どもを裁いてはいけない」と説き、具体例を通じて「ゆるす愛」の大切さと有効性を実証してきた伊藤重平のことばである。以下、『ゆるす愛の軌跡』からの抜粋である。

子どもの存在を喜び、その幸せを願うことを愛という。

ゆるすことをさがすのではなく、つくるのです。

裁くとは、よいか悪いかを判断して、その人の責任を追及し、ゆるすことをしないことをいう。

登校拒否の子どもは、登校できない理由を自分の体で語る。

人は人を真にゆるすと、はじめてそれを忘れる。忘れようとしても、忘れることができないのは、ゆるさないいからである。

受容とは、あるがままの姿をゆるし、その姿を肯定することである。肯定とは、それではいけないと批判せず、ゆるすことを意味する。

子どもは、裁かずゆるすことばを求めている。そして、ゆるされると、その愛のお返しをするようになる。

●伊藤重平（いとうじゅうへい）：一九〇六年～一九九一年。愛知県生まれ。東京高等師範学校研究科卒業。公立小学校校長、公立高等女学校教頭、愛知県児童福祉司、愛知県立女子短期大学講師、名古屋家庭裁判所主任調査官、同調停委員。名古屋家庭裁判所参与を歴任。著書に、『愛は裁かず』『ゆるす愛の奇跡』（以上、黎明書房）などがある。

—— 23 ——

英国文部省の名言「教師に画一的に求められるのは、教師が教育について工夫思案することだけ」

■現場が混乱する？

もう三十年以上も前のことだ。文部科学省の教育課程審議会の席で委員長が参考人に対して声を荒げられた。

「私たちは、子どもたちに直接に接しておられる先生方が、誇りと生き甲斐を持って仕事をしていただきたくて、この方針を導入しようとしている。それなのに、現場が混乱するのが心配だとは何事ですか。」

おおよそこんな内容だ。参考人は全国小学校長会の代表だという。文部省が、各学校が自由裁量できる時間を学習指導要領に入れようとした時の出来事である。いわゆる「ゆとりの時間」の始まりだ。ことほど左様に日本の中央集権の教育行政の病根は深い。オカミからのお達しの通りに動く体質になっているのだ。

総合的な学習も骨抜き

似たようなことは総合的な学習の導入の際にも起こった。これは、諸教科と並立するもので、本来の意味の総合学習にはほど遠いけれど、それでも子どもの村のプロジェクトのような体験学習への端緒になるかも、という期待を抱かせたものだ。

しかし期待は裏切られた。主体的に教育計画を立てる力量に欠ける現場のために、国際理解、情報、福祉などといった「ハシラ」が立てられ、それに即した指導書が現場を支配するようになった。それどころか、つぶれた授業の穴埋めに使われている学校が少なくない。

教科書会社も不自由

最近、ある国語の教科書でミスが見つかった。挿絵の女の子の腕が三本あるように見えるのだ。福井県でこの教科書を採用したのは、かつやま子どもの村小学校だけである。教科書会社は、全県でたった四冊のためにわざわざ来校して陳謝した。その前に文部省に訂正してよいと許可をもらった上でのことだ。許可がなければ勝手に直すことはできない。

教科書は学習指導要領に準拠してつくられる。学習指導要領

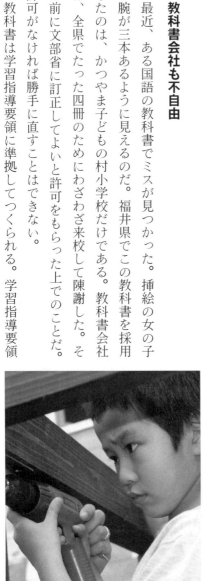

には教科の中身と授業時間数がことこまかに決められている。これに合わせないといけない。そして教師はこの教科書を使わなくてはいけない。教師にも教科書会社にも、そしてもちろん子どもにも自由はない。

教師の自由が学校を活性化する

教師に求められるべき唯一の画一性は、教師みずから教育の在り方について工夫思案することだけだ。

（英国文部省、一九一八年）

含蓄のあることばである。それで思い出すのは、次のことである。

前にも紹介したのだが、私の大学院修士課程修了の直前、ある中学校から三学期だけ来てほしいと頼まれた。

あるクラスで担任が倒れて入院された。原因は学級崩壊だ。授業中おしゃべりが続く。出歩く。期末試験では、平均点がほかのクラスより十点以上悪い。大部分の子がやる気をなくしていた。荒れるクラスの典型である。

校長先生は、私が以前から尊敬していた方だったが、何でもしてよろしい、という意味のことをいわれた。そこで何でもやってみた。道徳の時間にクラス全体で雪合戦や卓球大会。日曜も出てきてバスケットボール大会や簡単なパーティ。これが三学期いっぱい続いた。校長先生はちゃんと見ておられたに違いない。しかし、ひとことも小言もアドバイスもなかった。

授業中に出歩く生徒が、楽しいことを計画する話し合いでは目の色が変わった。クラスの雰囲気が変わって、期末試験の成績まで大幅にアップ。校長先生は「たった二か月で一年分の仕事をしてくださった」とほめてくださった。

教師が自由で元気なら子どもはもっと自由で元気になる。私の最高の思い出の一つである。

＊ゆとりの時間

一九七七（昭和五二）年の学習指導要領の改訂により導入。それ以前の詰め込み教育の反省から通常の教科以外の各学校の自由裁量にゆだねられた時間。のちに学力低下の原因として非難されるようになる。

＊総合的な学習

一九九七（平成九）年の学習指導要領により導入された教科横断的な課題学習。週三時間（その後の改訂で二時間）。諸教科を統合する本来の「統合学習」とはほど遠く、付け足しとして国語、算数、理科、社会などと並んで、あたかも別の教科であるかのように扱われている。これでは理論的にも実践的にも欠陥品と言わねばならない。

―― 24 ――
子どもの遊びの研究者、藤本浩之輔の名言「子どもは文化の創造主体」

■野球の試合がしたい

あつき、しゅうめい、ひろみ。この三人は大阪の小学生。大の野球好きで、阪神タイガースの熱狂的なファンである。

私が世話をしていた大阪市立大学の小学生グループの子で、毎週土曜の午後にグローブとバットを持ってやってくる（まだ週六日制の頃である）。

この三人、野球がしたくてたまらない。二時間ほどのプログラムが終わると、暗くなるまでキャッチボールやノックを楽しむ。でもこれでは満足できない。試合がしたいのだ。しかし、たった三人でどうやって試合ができると思いますか。正式の試合だと十八人も必要だ。これはとうてい不可能。三人集まれるだけでも運の良い方なのだ。現代では遊び集団がどんどん貧弱になっている。普段の生活で野球のチームを作るなど、夢のまた夢といってよい。

■三人で正式試合成立！

しかし子どもは本来遊び作りの名人だ。三人は試行錯誤の末、とうとう正式ルールの試合を考え出してしまった。

プレーするのは三人
一チーム九人
ベースは三塁まである
審判をつける
スリーアウト交代で九回まで

どうです。信じられますか。

先ずそれぞれが一チームになる。一人が投手、一人が打者、残りの一人が捕手と審判を兼ねる。捕手兼審判は、打球の強さと角度を見て、アウトかヒットかの判定を下す。ヒットになると塁上に「透明の走者」が出て、打った子は引きつづき打席に入る。スリーアウトになると、順ぐりに投手がバッターに、捕手が投手に、バッターは捕手に代わる。

小学生３人で野球試合が大成功！

最後は「7対3対5で○○の勝ち」となる。

この方式はいいことがいっぱいだ。なにしろ必ずピッチャーになれる。スリーアウトになるまで打ち続けられる。場所は狭いが、それがかえって好都合だ。校舎と校舎の間なので、大当たりのボールを拾いに走らなくてもよい。何本かの樹木と植込みは、審判のフェアかファールかの判定の基準に使われる。頭のよい子どもたちなのだ。目の前の三階建ての校舎の屋上まで飛ばすとホームラン。ただしアウトがひとつ増える（取りに行くのに時間がかかるので）。

児童文化よりも子ども文化を

この子らのルールは実に細かい。審判も公平だが、どの子もその判定に文句をいわない。こういう規則は、遊びを充実させるために子どもたち自身が考え出したものである。自発的で生き生きした遊びの中で、創造的な子ども文化が自然に、そして豊かに育っているのだ。

子どもの遊びの研究で知られる藤本浩之輔は、児童文化と子ども文化を区別するように提唱している。児童文化とは、大人が子どものために提供する文化である。それに対して子ども文化とは、伝承遊びのように、子どもがつくり、育て、次の世代に伝える文化である。まさに、

子どもも大人と同じように文化の創造主体である。

（藤本浩之輔『子どもの遊びを見直そう』第三文明社）

ところが今日のように、ヨコ型集団、つまり同年齢集団だけで遊ぶようになると、子ども文化は伝承されずに衰退する。そこに大人の管理主義と商業主義が忍び寄ってくる。

子どもを主人公に

おもちゃにしても、子どもはみずから作り出す喜びを忘れ、次々に現れる高価な商品に目を奪われる。この種のおもちゃの多くは、遊び方が決まっている。遊びにとっていちばん大事なのは、子どもがその主人公になることである。決まった遊び方に支配される子どもは遊びの主人公というより、玩具業者の奴隷といってよいのではないだろうか。

●藤本浩之輔（ふじもとこうのすけ）：一九三三〜一九九五年。京都大学大学院（教育学）修了、大阪府科学教育センター指導主事、大阪市立大学助教授を経て京都大学教育学部教授。著書には、『日本伝承の手づくりの遊び』（創元社）、『聞き書き・明治の子ども遊びと暮らし』（SBB出版会）などがある。

――25――

初心を忘れないための霜田静志の名言「岩に会えば岩をめぐりて流れゆく行く末遠き海をめざして」

サマーヒル発祥の地

これが私の学校です。
勉強することもできます。
一日じゅう遊ぶこともできます。
もしよかったらどうぞ。
お気に召さなかったら他所（ほか）をあたってください。

ドイツのドレスデンの中心から数キロ北にヘレラウという村がある。二十世紀はじめに起こった新しい公園都市づくりのひとつだ。ドレスデンはザクセン地方随一の古い都だったから、芸術家や文化人をひきつけた。

ニイルは、一九二一年にフランスのカレーで開かれた世

ヘレラウ祝祭劇場を訪れた子どもの村の大人たち(2015年10月)。ニイルは左の建物をつかって学校を始めた。

界新教育連盟の第一回大会にイギリス代表として出席した後、オーストリアのザルツブルク経由でここへやってきて、運よく自分の学校を始める手がかりを摑んだのだ。

この芸術村の中心に祝祭劇場という立派な施設がある。中央に大きな劇場があり、ニイルは両側の細長い建物の一部を提供されたのである。そのほかは、リトミックの学校とドイツ人の子どもの新学校が使っていた。

第一次世界大戦後の敗戦国ドイツの、歴史に例のない急激なインフレが彼にはさいわいした。イギリスのポンドがあれば、わずかな間の為替変動のおかげで金持ちになれたのだ。彼はドイツ人学校の経済的援助さえしていた。

冒頭のことばは見学者に学校を案内した時の決まり文句だ。

ニイルは自伝で書いている。

ヘレラウでの生活は、私の一生でもっとも興奮に満ちた時期である。……ヘレラウは、私の目を世界に向けさせ、ナショナリズムを消滅させて、私を永久に国際主義者にした。

（ニイル、堀真一郎訳『新訳ニイルのおバカさん』黎明書房）

今年（二〇一五年）の十月、子どもの村の職員の海外研修で、私たちはまたドレスデンとオーストリアを訪れた。三度めである。ここへ来るといつも私は想像してしまう。「もっとも興奮に満ちた時期」にニイルはどのように興奮していたのだろう。ニイルはいった。

これが私の学校です。勉強することもできます。一日じゅう遊ぶこともできます。
もしよかったらどうぞ。お気に召さなかったら他所（ほか）をあたってください。

（同前）

一九九九年、サマーヒルは教育科学省から出欠自由の授業をやめるよう指示された。ゾーイは断固これを拒否した。私たちもいい続けよう。

これが子どもの村の学校です。プロジェクトが中心です。子どもが決めたり選んだりします。
一人ひとり違っていてもいいのです。本の勉強より体験が大事です。よかったらどうぞ。お気に召さなかったら他所をあたってください。

そして、最後に、初心を忘れないために、私がいつも口ずさんでいる歌を紹介しよう。

岩に会えば岩をめぐりて流れゆく行く末遠き海をめざして

霜田静志

―― 26 ――

自由の意味を喝破したカントの名言「ハトは空気抵抗があるから飛ぶことができる」

軽快な鳩は、自由に空気中を飛び回って空気の抵抗を感じるので、真空の中ではもっとずっとうまく飛べると考えるかもしれない。しかし、もし空気がなければ、うまく飛べるどころか、そもそも飛ぶこと自体が不可能になるであろう。

（カント、篠田英雄訳『純粋理性批判』岩波書店）

■学校づくりの始まり

きのくに子どもの村は、一九八四年の秋に「新しい学校をつくる会」がスタートして、一九九二年四月に誕生した。その長い七年半の間にさまざまな議論が積み重ねられて、現在の教育方針が確定した。「つくる会」は、活動の初期段階でめざす学校の基本原則について了解していた。

◇子どもの自己決定を尊重する。
◇認可された小学校をつくる。
◇大阪から遠くない自然豊かなところにつくる。
◇職員の基本給は同額。

◇子どもは通学、週末帰宅、長期滞在の三タイプ、等々。

大論争――授業への出欠の自由

この議論の過程では意見が分かれた。私立学校としても認可をとるか、無認可のフリースクールにするか、プロジェクトと基礎学習の関係をどうするかとかいった論点での考えの違いがもとで会を去った人もある。その一つが「授業に出る出ないの自由」だ。ある人たちは「サマーヒルをモデルにするのだから授業への出席は完全に自由であるはずだ。そのことを高らかに宣言すべきだ」といって譲らない。

私たちの考えは違った。教師たるもの、「イヤな授業や魅力のない授業には出なくていいよ」などといってはいけない。そんなことでは、自由学校の教師としては失格だ。自由学校とは、心を惹かれる活動や学習がふんだんにあって、子どもたちが自由に選べる学校のことだ。

ツリーハットづくり
大きな木に家を建てる。こんなに子どもの心をひきつける活動はない。身の安全を考え，工夫を凝らし，我慢を重ね，心を通わせて挑戦する。(2015 年，キルクハニティで)

「あれもしたい、これもできる。どれにしよう。困った困った。」

こんなふうに子どもたちを困らせる学校こそが、私たちのめざす自由学校でなくてはならない。「何もしない」は、たくさんの選択肢のなかの一つでよい。

もし子どもが、何もない広い部屋で、「さあ、何をしても君の自由だよ。好きなようにしたまえ」といわれたら、はたしてこの子は自由だろうか。

自由な学校とは

できること、したいこと、したほうがいいことがいっぱいあって子どもたちが「時間が足りない！」と悲鳴をあげる学校。子どもの村は、そういう学校であり続けたい。

自分にとって大事で必要な活動、押し付けられたのではない活動、やりがいを感じる活動に挑戦してこれをやり遂げたとき、子どもも大人も、成長したと感じる。新しい自由を手に入れたのだ。

冒頭のカントの言葉に合わせていえば、子どもの村のプロジェクトには大変な苦労が伴う。子どもたちは「ああ、しんどい」と思うことも多い。しかし、この苦労が無ければ自立して生きる人生への道は拓かれないのだ。

●カント：一七二四～一八〇四年。ドイツの哲学者。ケーニヒスベルク大学教授。著書に、『純粋理性批判』『実践理性批判』『判断力批判』『永遠平和のために』（岩波文庫ほか）『教育学』などがある。規則正しい生活者として知られ、町の人はカントの散歩姿を見て時計を合わせたといわれる。

――27――

子どもが子どもらしく生きる教育を主張したルソーの名言「人間よ、人間らしくあれ」

■星空をおみやげに

場所は信州の乗鞍高原。白樺林の中にある小さな山小屋の前の広場である。時刻は夜の九時。まるでメリケン粉をまいたように満天に星が輝いている。都会では絶対に見られない星空だ。

小学校二年生の小太郎君がその空を見上げている。わずかに口を開けて、石のように動かない。数分たってから声をかけた。

「小太郎くん」

返事がない。少し待ってから、またそっと呼びかける。

「小太郎くん」

「……あ、ほりせんせ。……ほりせんせ、これ（空）しゃしんにうつして。」

「え、星を写真に撮るの？」

「うん、おかあちゃんにみせてあげたいねん。」

「うーん、小太郎くん。あのね、夜の星を写真に撮るのは、ちょっとむずかしいなあ。」

「おみやげにしたいねんけど。」

「うーん。」

物知り博士の登場

そこへ近づいてきたのがT君。小太郎君と同じ小学二年生だ。

「なにしてるん?」

「星をみてるんだよ。」

「ふーん。あ、あそこに、北斗七星! それで、こっちがカシオペアだ。北極星はどこかな。あれかな。……じゃあ、おやすみなさい。」

T君は、さっさと山小屋に帰って行く。小太郎君は星空を見上げたままだ。

「ぼく、もうちょっと見とく。おかあさんにお話するねん。」

学校は責任持てない?

私は黙ってその場を離れた。

T君は、いわゆるかしこい子である。勉強もできるし、知識も豊富だ。それに比べて小太郎くんは学校では冴えない。ある時お母さんが学校へ呼ばれた。担任から小太郎君の学校での様子、とりわけ学習面の遅れについて、ことこまかに説明を受け、最後にこんなことばでトドメを刺されてしまった。

「お母さん。今週中に九九を七の段までおぼえさせてもらえませんと、学校は責任が持てません。」

お母さんは帰宅後もすっかり落ち込んで泣いていた。すると、玄関のチャイムが鳴った。出てみると小太郎君の担任だ。

「お母さん。先ほど学校ではいい忘れたのですが……！」

担任の先生が来られたのは、九九のほかにも漢字の学習が遅いとか、日頃の生活面でも心配だとかについて小太郎君の様子を細かく伝えるためであった。

■子ども時代を存分に生きよう

私は、あの夜、小太郎君とT君の様子を見てルソーのことばを思い出していた。主著のひとつ『エミール』の一節だ。

人間よ、人間らしくあれ。それがあなた方の第一の義務だ。

（ルソー、今野一雄訳『エミール』岩波文庫）

自然は子どもは大人になるまでは子どもであることを望んでいる。この順序をひっくり返そうとすると、成熟していない、味わいもない、そしてすぐに腐ってしまう促成の果実を結ばせることになる。私たちは、若い博士と老け込んだ子どもを与えられることになる。子どもには子ども特有のものの見方、考え方、感じ方がある。それなのに私たちの流儀を押し付けることほど無分別なことはない。

（同前）（ここでいう自然とは「子どもの本性」Human Nature という意味である。）

ところで小太郎君は成人して社会福祉の方面に進み、弱い人やお年寄りのために働いている。T君の消息は不明である。

——28——

教師は社会に目を向ける子どもに育てようというニイルの名言「教師諸君、諸君の仕事は社会にあるのだ」

■大人も子どもも同じ一票

月刊誌『暮しの手帖』にこんな座談会の記事が載っている。

「僕の子どもたちが通っている学校は変わっていてね。その学校では、いろんな学校の規則を投票で決めるんだ。小学一年生から中学三年まで、生徒全員、職員全員に投票権がある。校長の一票も小学一年生の一票も同じ重さ。

（一同「ええーっ？」）

例えば「学校にゲーム機を持ってきていいか」という議題があるとするよね。普通だと、小学一年生には考える能力が足りないし、ゲーム機にもまだそんなに興味関心がないから、投票に参加させるのはやめておこうとなりがちでしょ。でも、その学校では投票権を与える。それで、小学一年生なりに考えさせる。つまり、投票することによって投票する能力を養うってことだ。」

話しているのは高橋源一郎さん。作家で、明治学院大の教授で、そしてわが子どもの村の保護者でもある。「僕の子どもたち」とは南アルプスの錬太郎くんと伸之介くんだ。

考える力は考える経験から

世間の人の常識では、子どもに考える力がついたから決めさせようという。

しかし、高橋さんや私たちの見方は違う。考える力や決める力は、考える、決める、さらにやってみるという練習によって育つのだ。

自分の目で見る、自分の頭で考える、自分で決める、行動する。そして他の人と感情と思想を通わせる。そんな力を伸ばすことこそ、教師にとって最も大切な教育目標ではないだろうか。ミーティングは、そのための最有力の方法である。

ニイルはあえて断言する。「週一回の全校集会は、その週の教科の学習のすべてに匹敵する。」

教科の学習は、よく考え、よく生きる力を育てるための道具のはずだ。しかし現状は、目的と手段が逆転していないだろうか。知識と価値観の伝達が教育の主要目的とされていないだろうか。子どもたちに考えさせないで、教え込み、信じ込ませ、為政者に都合のいい人間をつくる教育になっていないだろうか。

ニイルはいう。

教師諸君、諸君の仕事は学校にあるのではない。諸君の仕事は社会にあるのだ。

（ニイル『問題の教師』）

社会に目を向ける

なぜだろう、
何がいけないのだろう、
どうすればいいのだろう。
こんなふうに疑問を持ち、解決策を追い求め、発言し、そして行動する子どもが育つ学校。それは時の支配権力にとっては、都合のいい学校とはいえない。よく考える子どもは、自分や身の回りだけでなく、社会全体にも目を向けるからだ。歴史的には、そのような説を唱える教育家は危険人物とみられてきた。
ルソーは国を追われ、フレーベルの幼稚園には国家によって禁止令が出された。デューイは来日した時、ずっと特高警察に尾行された。反戦主義を徹底したキルクハニティのジョンは、リンチに遭った。私たちも少しは用心しよう。

やったぜ，キルクハニティの家づくり！　ハット（小屋）ではない。コテージ（一軒家）なのだ！
何をどこに建てるか，大きさはどれくらいか，屋根の形は？　窓の位置は？　建築費はどうやって調達するか……来る日も来る日も話し合いは続く。いつとはなしに，自分で考える，そして自分たちで考えるクセと能力が育ってくる。

―― 29 ――

自分自身である自由を主張したフロムの名言「人生最大の目標は自分になること」

■自分になれる

夏休みに入る少し前、かつやまの小学校でのある日のこと。松本したらちゃん（十歳）が、廊下で、つつと寄ってきてひとこと。

「……ほりさん、わたしね、この学校、ほんとにいい学校だと思うの……」

思いがけないことばである。したらちゃんは、半年ほど前に転入してきたばかりで、新しい環境にまだ戸惑っていたからだ。とても感性のこまやかな子である。私は少し興奮して答えた。

「ありがとう。したらちゃん。ありがとう。」

その日の午後、全校ミーティングが終わった後、したらちゃんがまた近づいてきた。ニコーッとほほえみを浮かべている。私が口を開いた。

「したらちゃん、さっきね、この学校がいい学校だっていってくれたでしょ。ほりさん、すごーくうれしかったよ。」

その時のしたらちゃんのことばに、ハッとした。

「わたしね、この学校にいると、わたしになれる気がするの。」

自分自身でない自分

「わたしになれる」とは、いいかえれば「自分自身でいられる」といってもよいだろう。ニイルのことばでは「自分自身である自由」だ。

したらちゃんは、今までの学校で「わたしではないわたし」を強いられてきたのだろう。したらちゃんのことばは、大人と社会への抗議と受け取ってもよい。

子どもたちは、毎日ガマンして暮らしている。納得して、すすんでガマンしているのではない。したくないガマンをさせられているのだ。一日のほとんどの時間をかたい椅子に姿勢を正してすわり続ける。全くわからない三角関数や因数分解の授業を受けさせられる。大人ならガマンできるだろうか。

愛情の権威にもご注意

警戒すべきは、巧妙に心理操作をして自発的にガマンさせる

自分自身でいられる子はよく笑う。毎日がたのしい。なんだか笑えてくる。明日が待ち遠しい

場合だ。例えばマカレンコのいう「愛情の権威」には要注意だ。

「ママは○子ちゃん、大好きよ。」

「先生は君に期待しているぞ。」

こんなことばで始まる説得をしないようにしよう。エーリッヒ・フロムが警告するように、「露骨な権威」より「かくされた権威」のほうが効果的で、しばしば悪質なのだ。

■自分自身として自由を生きる

フロムは書いている。

> 人生において人がなすべき仕事とは、自分自身を誕生させることだ。可能性としての自分を実現するのだ。人の最も重要な成果とは、その人自身のパーソナリティである。
>
> （エーリッヒ・フロム、日高六郎訳『自由からの逃走』東京創元社）

フロムは、ほかの人ではない自分自身となることが、人生最大の目標だという。こういう意味の人格形成は簡単ではない。

■第一次的な絆を切る

まず、人は誕生直後から鋳型にはめられて成長する。つまりものの見方、感じ方、そして行動の仕方をしっかり刷り込まれる。それらをかなぐり捨てようともがくと、露骨に、あるいは巧妙にさまざまな力が加えられる。ガマンを強いられる。自分自身であろうとするのはいけないことだと教えられる。

この教え込まれた道徳（フロムの用語では「第一次的な絆」）を断ち切るのが自由と自立への第一歩だ。しかし、それまでの心理的な拠り所をいったん否定するには勇気が必要だ。多くの人は「孤立と追放」への恐怖にかられて自由への道から逃げ出し、伝統と大衆性、そして権威への依存の中に平安を見出す。社会は子どもや若者が自由への道を歩むのを阻止する。みんなの歩む道から外れるのは罪深いことだと思い込ませるのだ。

人は、すべての迷信と因習と偽善をかなぐり捨てた時、その時はじめて教育を受けたといえるのだ。

（ニイル『クビになった教師』）

―― 30 ――

若い親たちに知恵と励ましを与えた平井信義の名言「親に反抗する子は、よい子である」

■三歳でも抱っこが必要？

三十年くらい前、子育て相談で若いお母さんから電話がかかってきた。子どもがいうことを聞かなくて困っているという。

「……おいくつですか。」

「三歳九か月になります。いうことを聞いてくれません。何をいってもイヤといいます。それどころか、静かにしなさいというと、余計大声で叫びます……」

「お困りなんですね。」

「これくらいの年の子はいうことをきかなくなると聞いていましたけど、いくらなんでもひどすぎます。異常です。」

「……ところでお母さん、一日にどれくらいの時間、抱っこしてあげてらっしゃいますか。」

「ええっ、先生。三歳になってもまだ抱っこするんですか。」

「私の長男は小学五年生ですが、まだ抱っこしてますけど……。」

「……（絶句）」

反抗は自立が目的

平井信義は、自閉症の研究で知られる著名な大学教授だ。たくさんの子育て支援の本の著者で、私たちの学校づくりの仲間でもあった。平井信義のアドバイスは、松田道雄の『定本　育児の百科』と同じくらい若い親たちに知恵と励ましを与えてきた。

平井によれば、乳児や幼児は、親、特に母親の心理的世界に安全に過ごしている。しかし三歳ころになると外の世界に興味が強くなって、その親の心の世界の外へ出てみようとするようになる。しかし、それにはある程度の勇気と思い切りが必要だ。親のいうことをきかないという行為は「エイッ」と足で蹴って外へ飛び出そうとする企てである。だから三歳児の反抗には、ほかに目的はない。反抗それ自体が目的なのだ。それは心理的な自立宣言ともいうべき正常な行為だ。親はむしろ喜ばないといけない。平井はいう。

親に反抗する幼児は、自我が順調に発達しているよい子である。

（平井信義『子どもに「まかせる」教育』明治図書）

ある日の私の次男とのやり取り

「そろそろ寝る時間だよ。」

「イヤ！」

「パジャマに着替えといたら？」

「イヤ！」

「じゃ、もう少し起きてる？」

「イヤ！」

「………」

「おとうさん、ぼくに、こっちへ来てっていって！」

「こっちへおいで。」

「イヤ！」

甘えも反抗も存分に

わが子に絶対に反抗を許さない親がある。反抗がひどいからといって、叱りつけ、罰を加え、「虫ふうじ」のお灸をすえる。やがて蒔いた種を刈る羽目になりかねないのに……。

かつて大阪市大の幼児教室に来ていたY君はその典型だ。父親と祖父は会社を経営している。Y君は、女の子三人のあとに生まれた待望の男の子だ。跡継ぎなのだ。家族は、しっかりした子に育てようと、絶対にわがままを許さない、甘やかさない、抱っこもしないと決めた。彼は、おもちゃ作りに来るたびに私に抱っこをせがんだ。体は大きい。でも赤ちゃんことばが目立つ。三年後、自転車を乗り回しているY君に出会った。まだ一、二歳の子のような発音が残っていた。

「反抗するくせにベタベタ甘える」といって嘆く人がある。しかしそれこそ自然な姿なのだ。幼児が親の心理世界から出ようとすると不安を感じる。すると急いで親の世界へもどってくる。これが甘えに見える。

あとでしっかり自立する子ほど、この時期にうんと甘え、思い切り反抗するのである。

●平井信義（ひらいのぶよし）：一九一九〜二〇〇六年。東京大学文学部、東北大学医学部を卒業。医学博士。ウィーン大学のアスペルガー教授に学んだ、日本の自閉症児研究の草分け。お茶の水女子大学、大妻女子大学教授。児童学研究会会長。一九九二年四月のきのくに子どもの村学園の発足から亡くなるまで理事を務めていただいた。著書には、『「心の基地」はおかあさん』（新紀元社）、『子どもに「まかせる」教育』（明治図書）などがある。

―31― イスラエルの哲学者、マルチン・ブーバーの名言「我（われ）と汝（なんじ）」

■学校教師は二流の人物？

みずから為し得る者は為し、為すあたわざる者は人に教える。

イギリスの劇作家バーナード・ショウのことばだと伝えられている。彼は大変な皮肉屋で、美貌の舞台女優から告白を受けた時の応答はよく知られている。

（女優）「あなたの頭脳と私の容貌を持った子が生まれたら、どんなに素敵でしょうね。」

（作家）「しかし私の容貌とあなたの頭脳を持った子が生まれたら、えらい悲劇ですからねえ。」

冒頭のことばは原文では「できる者はする。できぬ者は教える」と短いが、その意味は「いろいろな分野で実力のある人は実績を上げる。そうでない（二流の）人物は学校の教師になる、ということだ。教師にとっては聞き捨てならぬ嫌味である。

教師業の魅力

たしかに世の中にはショウが皮肉るような「先生にでもなるか」とか「仕方がない」とかいった気持ちで学校に就職する人もないわけではないだろう。しかし彼は教育というものの魅力と本質を二重の意味で理解していなかったのだ。

第一に、教師、とくに小中高の教師のいちばん大事な仕事はたんなる授業ではない。子どもたちの全人格の成長への支援だ。これは第一級の大切な使命である。程度の差はあっても、ほとんどの教師は、この使命そのものの魅力にひかれて教職に就くのだ。授業屋さんになりたくて教師になるのではない。

初対面の子が膝に

教職の第二の大きな魅力、それは、子どもとの間に生まれる得も言われぬ一体感だ。

ある夏の日の午後、私は学校の自分の部屋でA子ちゃんのお母さんと話していた。おばあちゃんも一緒だ。そこへA子ちゃんがほんの少し戸を開けて顔をのぞかせた。一、二秒後、この子は母親ではなく、私の膝に乗ってきた。そのまま一時間、私は深い幸福感に浸っていた。

A子ちゃんは五歳で、私とは初対面である。しかも自閉症ではないかといわれていた子だ。次年度の入学を希望して体験入学に来ていたのだが、学校の大人たちは、「十分なお世話はむずかしい」とみていた。しかし、この日の私の話を聞いて全員がA子ちゃんの入学に賛成してくれた。

バーナード・ショウは、きっととても不幸な学校生活を送ったのに違いない。この崇高な使命とたびたび訪れる幸せな触れ合いに満ちた仕事の魅力が理解できなかったのだ。

■「我（われ）と汝（なんじ）」「我（われ）とそれ」

イスラエルの哲学者ブーバーによれば、我々と人々やものとの関係は大きく二つに分かれる。一つは「我と汝」で、他は「我とそれ」である。

前者においては、自他双方が相手の存在を全面的かつ肯定的に受け入れる。両者に距離がなく同じ地平に「共に在る」。愛はこの関係において成立する。

「我とそれ」では、しばしば一方が他を支配したり利用したりする。距離があり「見る—見られる」関係でもある。

では学校教育はどうか。

ブーバーは「我と汝」の大切さを強調しながらも、学校は二つの関係が併存する特殊な場であるという。

しかし「我とそれ」で貫かれた学校では、大人は教師ことばを使い、服装を正し、様々な儀式を使って子どもを管理する。

子どもの村は「我と汝」の関係が、いつでもどこでも漂っている学校であり続けたい。マルチン・ブーバーはいっている。

教師と生徒の存在を一つの全体として肯定しなければならない。

（マルチン・ブーバー、田口義弘訳『我と汝・対話』未来社）

子どもと大人が共同で発展させる学校。「先生と生徒」ではなく「大人と子ども」のいる学校。大人と子どもが「ご同行」である学校。授業の後で子どもが自然に「ありがとう」といいたくなる学校。そしてなにより共によく笑う学校……！

●マルチン・ブーバー：一八七八～一九六五年。オーストリア生まれのユダヤ人哲学者。フランクフルト大学、ヘブライ大学教授。著者には、『ユートピアの途』（理想社）、『ブーバー著作集』『我と汝・対話』（以上、みすず書房）などがある。ブーバーと同じ趣旨で自他の関係を論じた著書としては以下のものがある。ガブリエル・マルセル『存在と所有』（理想社）。

32 アメリカの牧師・教育者、ウィリアム・アーサー・ウォードの名言「最高の教師は子どもの心に火をつける」

火をつけるか水を差すか

凡庸な教師は上手に解説する。すぐれた教師は実演してみせる。最高の教師は心に火をつける。

（ウィリアム・アーサー・ウォード）

ウィリアム・A・ウォードは、「もっとも頻繁に引用される作家」といわれている。特に機知に富んだ格言はよく知られ、上記の教師観は有名である。「火をつける」というのは意訳だ。原語は「インスパイヤー」で、「刺激を与える」という意味である。有能な教師は、たんに知識を伝達するのではなく、子どもの好奇心にはたらきかけ、いろいろな問題に気づかせ、その疑問の解明に向かわせる。

私たちはだれでも、心を燃え上がらせるようなことばを学校の先生からかけられた記憶があるだろう。しかし反対に、燃え上がっている心に冷や水を浴びせられたことも何度かあるのではないだろうか。今回は私自身の経験から拾い上げてみよう。

あなたのは歌ではない

一年生の時の音楽の授業である。担任の先生が四苦八苦して「おうまのおやこ」を教えておられた。なぜかみんな、うまく歌えない。先生の声がだんだんきびしくなった。

「みなさん、どうして、歌わないいんですか！」

私が恐る恐る手を挙げた。

「ぼく、歌いました。」

すると、

「ほりさん、あなたのは歌じゃありません！」

私がようやく音楽が好きになったのは、十四年後、ベートーベンの第九の第四楽章を聴いた時からである。

誰でも面白ければ頑張る。1年生でも電ノコに挑戦だ。

学校のために我慢？

小学六年の一学期、市内の珠算大会に出た。三人一組のAチームの一員として頑張った。見事に二位に入賞。喜んでいると、担当の先生に呼ばれた。

「このところ君の成績が今ひとつだったので、試合の前に選手登録で君とほかの女の子を入れ替えておいた。学校のためだ。こらえてくれ。」

好きな先生だった。しばらくは我慢した。しかしやがて体が珠算を受け付けなくなった。

過ぎたことを……!

中学一年に入って数学の試験で概数計算の問題が出た。上二桁の計算なので答えも630と解答した。×にされた。633と答えた子が○をもらった。しかしそのあとの解説で先生は「答えも二桁の630が正しい」といわれる。授業が終わって先生に「ぼくは630で×でした」と申し出た。先生からは思いもかけない大声が返ってきた。

「過ぎたことをいつまでもつべこべいうなっ!」

教師のひとことが子どもを変える

私はその後も数学の試験でいい成績をとり続けた。しかしこの時の心の傷は癒えることはなかった。高校に入って古傷がうずき始めた。公立高校なのに受験指導にたいへん熱心で、特に数学への力の入れようは尋常ではなかった。私はたちまち不適応を起こし、学期末試験では常に赤点、それも0点からせいぜい二十点の間をうごめいていた。

高校三年の秋、それも十一月、数学の試験で座標軸の特定の点を求める問題が出た。もちろん、ちんぷんかんぷんだ。苦し紛れに答えをでっち上げた。それがなんと正解になっていた。そのあとの解説の時間に先生が型通りの解説をすませた後でいわれた。

「ところで、堀が変わった解き方をしたぞ。それは……。こんなやり方ができるとは、私も今まで知らなかった。」

ちょうど同じころ、担任の先生に呼ばれた。

「堀くん、君は数学で頭が痛いだろう。この際、数学は気にしないで大学受験は四教科で勝負したまえ。たぶん大丈夫だ。」

私はなんとなく高校数学の初歩の参考書を開いた。それから三か月余り、高校最後の数学のテストでは九十点を超えていた。

●ウィリアム・アーサー・ウォード：一九二一～一九九四年。アメリカの牧師、著述家、教育者。よく知られた格言「好奇心。これこそ学習というロウソクの芯だ。」「悲観的な人間は風が出てきたと嘆き、楽観的な人間は風が止むのを待つ。現実的な人間は帆を調整する。」

―― 33 ――
自由保育を主張した倉橋惣三の名言「子どもは、一生懸命が自然である」

■子どもは叫ぶ、子どもは走る

私たちの学園で特別に声の大きい子がいた。その声の大きさに大人はみんな辟易していた。ある日、私がそのKくんをつかまえていった。

「Kくん、あのね、お願いだから、もう少し小さい声でしゃべってくれないかな。」

Kくんは、いつもの大声で応じた。

「ぼくな、ちっとは小さい声でしゃべろうとするんやけどな、そやけどな、やっぱりこんな声になってしまうんや。」

子どもの大声に悩まされている大人は多い。彼らは声の調節が下手くそだ。音量をいっぱいに上げてしゃべる。しゃべるというより叫ぶといった方がいい。とかく子どもというものはやかましい。そしてよく動きまわる。

子どもは一生懸命に生きる

子どもは声が大きいだけではない。とにかくよく走る。たった十メートルほどの距離でも走る。

「走らないでっ！」

大人は何度も声をかける。走らないようにしようとしても、たとえその注意に気が付いたとしてもまだ走る。走らないようにしようとしても、自然に早足になる。

ことほど左様に、トップギヤで走り、動きまわり、ボリュームいっぱいにしてさけぶ。これが子どもというものだ。彼らは精一杯に生きている。一生懸命に生きているといってもよい。大人たちは諦めるしかない。みんな、こんなふうにして人生を始めたのだ。

みずから育つ

子どもたちの持って生まれたこの生きる力を大切にしようといいつづけた保育者がある。倉橋惣三だ。彼は学生時代から幼児教育に興味を持ち、足しげく東京女子師範学校の附属幼稚園に通い、やがて長くその主事を務めた。主事というのは事実上の園長である。しかもここは明治九年開設の日本最初の幼稚園だ。フレーベルの精神を忘れ、恩物至上主義に陥っていた日本の保育界に警鐘を鳴らし、

子どもたちの内から育つ力を大事にしようと訴えつづけた人だ。

一生懸命は、おとなにとっては、教訓であり、努力である。容易に一生懸命になれないのが、おとなの心理だからである。

これに対して、子どもには一生懸命が自然であり、平常である。何事にも、何ものにもすぐに一生懸命になれるのが、子どもの心理だ……。

（倉橋惣三『育ての心』フレーベル館）

自ら育つものを、育てようという心。それが育ての心である。世にこんな楽しい心があるか。

（同前）

子どもたちに一生懸命になれる生活と環境を

倉橋は、教師が強権を発動して、あるいは巧みにだまして、大人の意のままにしてはいけないと戒めた。そして子どもたちの「育つ心」、つまり一生懸命になる心を上手に刺激して彼らを夢中にさせる方式を提唱し、これを「誘導保育」と名付けた。

大人の大ウソ「がんばれば何でもできる」

倉橋は一方でひどく腹を立てている。親や教師は、内から育つ力を無視し、あれこれ理屈をこね、子どもには興味のないことに一生懸命になれと強制するからだ。

子どもを、もっともっと一生懸命たらしめようとし、真剣さを強くしようとするには、言葉や理由でなく、一生懸命な生活そのものによる指導のほかない。

(同前)

大人たちは、興味も惹かず、やり甲斐もないことを用意して、がんばれば何でもできないことはないと叱咤する。この世の最大の犯罪である。

●**倉橋惣三(くらはしそうぞう)**:一八八二~一九五五年。静岡県生まれ。東京帝国大学卒業。東京女子師範学校附属幼稚園の主事として形骸化したフレーベル式の保育方法を改め、幼児の自発性を引き出す「誘導保育」を提唱。日本保育学会初代会長。著書には、『育ての心』(刀江書院、一九三六年。現在はフレーベル館、倉橋惣三文庫)、『子供讃歌』(フレーベル館、倉橋惣三文庫)などがある。

34

当然のことをやり抜いたジョン・エッケンヘッドの墓碑銘「当たり前のことを妥協せずにつらぬく（Extraordinary Ordinary)」

■異常なほど普通の人

すべては他がために為し己がためには何事も為さず

「孤児の父」とか「スイスの聖人」とかいわれたあのペスタロッチの有名な墓碑銘の一部である。これほど簡潔に、そして的確に彼の生涯を表わすことばはない。

キルクハニティのジョン校長の墓碑銘はたったひとことだ。

AN EXTRAORDINARY
ORDINARYMAN

ジョン校長とモラグ夫人の墓。オーチンケアン村の共同墓地にある。

これまた短いけれど故人の一生を見事に表現している。「当然のことを徹底してやり抜いた人」という意味だ。彼の妥協のない生き方が最も鮮明に現れたのは戦争に対する態度だ。

敵国から生徒や教師を

戦争の時代は憎しみの時代だ。だからこそ愛にもとづく学校を。
戦争の時代は破壊の時代だ。だからこそ創造する学校を。
戦争の時代は国家主義の時代だ。だからこそ国際主義の学校を。

（*H.A.T.Child : The Independent Progressive School, Hutchinson, 1962*）

一九四〇年十月、ジョンは上のようなモットーを掲げ、サマーヒルのニイルの祝福を受けてキルクハニティ・ハウス・スクールを開校した。ちょうど三十歳の時だ。

ジョンの平和主義と教育理念は表裏一体のものであった。本書の六四頁で触れられているように彼はこの信念にしたがって、当時は敵国であったイタリア人の生徒を受け入れた。それだけではない。なんとドイツ人の教師を雇い入れたのだ。そのため近所の若者グループから売国奴と呼ばれ、待ち伏せされて袋叩きに遭ったこともある。

世に「戦争反対」を口にする人は限りなく多い。しかし身の危険を冒しても徹底して行動する人は限りなく少ない。

妥協を拒否、廃校へ

「多少の妥協は仕方がない。学校の存続の方が大事だ。そういう人たちもいた。しかし、それでは学校が変わってしまう。キルクハニティがキルクハニティではなくなってしまう。」

数秒後、ジョン校長はつぶやくように付け加えた。

「私がもう少し若かったらまだたたかうのだが……」

一九九八年十月十八日、学園の職員数名と研修旅行で訪れた時のことだ。この学校の最後の開校記念日であった。その前年に廃校になっていたのだ。その心中を察して私たちはことばを失った。

その二年前、文部省が施設面だけでなく教育内容にもきびしい注文をつけてきた。三七年前に施設の整備拡充か廃校かと迫られた時は、寄付を募り借金をして切り抜けた。今回は学校の教育理念と実践の核心にも触れてきた。指摘事項に応じなければ廃校になる。応じればキル

キルクハニティで遊ぶ子どもの村の小学生たち

クハニティがキルクハニティではなくなる。そして……。

当たり前のことを貫き通す。これほど大事なことはない。そして、これほどむずかしいことはない。

後年、元職員のメアリーがいった。

「ジョンの生涯は、たたかいの生涯であった。彼は強い人であった。強い人だからやさしかった。」

＊ジョン校長のプロフィールは六五頁を参照。

35

子どもの村キャンプを主宰する徳村彰の名言「自分の場だと思うところに花が咲く」

相次ぐ中学生の自死

ある中学校の二年生がみずから命を絶った。親から見ても教師から見ても、そのような事態に至るとは思えない子である。毎朝、明るく学校へ出かけ、クラスメートや部の同級生や下級生からも、明るい愉快な子だとみられていたからだ。

こういう時、たいていの人は、「いじめが原因ではないか」と想像する。中学校の校長はその直後に「いじめはなかった」と発言したという。この人は二つの大きな思い違いをしている。

第一は「いじめ」は簡単に教師の目につかないという事実だ。大人の目につかないところで起きているからこそ「いじめ」なのだ。親にも気が付きにくい。いじめられている子のほとんどは、親や教師が心配して「大丈夫?」と聞けば「大丈夫」と答える。大人はいつも感度のいいアンテナを張っていなくてはならない。

最大の加害者は？

第二は、学校生活そのものが最大の加害者だという事実である。よく考えてみよう。小学校の二年か三年の算数で遅れてしまった子が、中学生になって三平方の定理、三角関数、因数分解といった授業中にどのように感じながら出ているのだろう。姿勢を正して「真面目に」先生の話を聴けといわれる。来る日も来る日もわかりもしない話に、身動きしないで、ただただ耐えるしかないのだ。これこそ最も悪質な「いじめ」ではないか。あまりにもひどい人権侵害ではないか。

学校で生きるために

冒頭の自死を選んだ中学生も学業は振るわなかったという。それでもまわりの子や大人からは「明るい子、おもしろい奴」とみられていた。そうでもしなければ自分の存在を認めてもらえなかったのだ。こういう子の多くは、「変なしぐさと表情」や「一発芸」で周囲の笑いを取ろうとする。教師からは「がんばれ」といわれて特別の居残り指導を受け、余分な課題を与えられる。クラブ活動でいい成績をあげられればまだいい。しかしそんな子は少ない。

まともな神経なら、このような状況にはとうてい耐えられない。ほとんどの子は「自分自身である自由」を諦めて「自分自身でない自分」を演じさせられているのではないだろうか。

自分の場と思える学校を

私たちは、子どもたちに「自分自身である自由」を認める学校を目指して出発した。

ニイルの『恐るべき学校』の冒頭の一節である。ニイルの時代も今も自分自身でない自分を強いられている子どもがなんと多いことだろう。

いじめをする子も学校生活を満喫しているわけではない。彼らも親や教師から際限なく「このままではダメ」「もっとがんばらないと」と否定されプレッシャーをかけられ続けている。

北海道紋別郡滝上町で三十年以上も「子どもが主人公」のキャンプを続けている徳村彰さんは書いている。

ニイルのサマーヒル学園

子どもらが、自分の場だと思うところに花が咲く。

（徳村彰・杜紀子『子どもが主人公』径書房）

学校を「子どもらが自分の場だと思うところ」へ変革するのが「いじめ」という病理現象をなくすための緊急の、そして最善の治療方法である。学校は子どもたちから「休んだら損する」といってもらえる場でありたい。

●徳村彰（とくむらあきら）・杜紀子（ときこ）夫妻：一九七一年、横浜で「ひまわり文庫」を開く。一九八三年から北海道の滝上町で「子どもの村キャンプ」を主宰。著書に、『ひまわり文庫の伝承遊び・全3巻』（草土文化）、『子どもが主人公』『子どもの村へ』（以上、径書房）、『森に生きる』『森に学ぶ』（以上、雲母書房）など多数。

――36――
ユーモアを大切にしたニイルの名言「ユーモアが子どもと大人の上下関係をなくす」

■ニイルの常用トリック

「あ、もしもし、私はニイルさんにお会いしたいんだけど、どこにいらっしゃるか、知らない？」

サマーヒルの校長のニイルは、学園の中で子どもを見つけると、しばしばこのように声をかけたらしい。

入学して間もない子はきょとんとして答える。

「バカ。自分がニイルじゃないか。」

しかし、三年もすると真面目な顔で答える。

「ニイルはね、たしか五分ほど前に街へ出て行ったよ。ひょっとしたら若い女の子とデートじゃない？」

ニイルは、しょっちゅうこの手のやりとりを楽しんでいた。全校集会が沈滞ムードになった時のお決まりの発言もある。

「来月からは大人のおやつは二倍にしようじゃないか。」

といったたぐいの挑発だ。

子どもたちは「あ、またニイルのいつものトリックだ」とわかっていて真面目に応酬する。

「いやいや、そりゃ逆だよ、ニイル。大人は半分でいいんじゃないの。」

「お年寄りは甘いものは控えた方が……。」

サマーヒルの子どもと大人は、こんなふうに触れ合いを楽しんでいる。これは、たんなるジョークでも軽口でもない。ここにあるのは、愛と思いやりと気づかいに満ちたやさしい人間関係である。

■皮肉をいう学校教師

「あーあ、われわれ学校の先生はつまらんなー。生徒を選ぶことができないんだからな。」

ある県に、こんな嫌味が口癖の数学の先生がいた。それだけではない。手の込んだ皮肉を放って数学が苦手な生徒を愚弄するのだ。例えば、幾何で円の学習の時間、前へ出て黒板で問題を解くようにいわれた修治くんが困っていると……

「お釈迦さまもおっしゃってるぞ。円なき修治は度し難しとな。」

縁なき衆生は度し難し、をもじったのだ。この先生、自作のジョークの出来に大満足の様子であったが、これはユーモアではない。皮肉、イヤミ、あてこすり、毒舌、侮蔑のたぐいだ。

ユーモアには、やさしさ、思いやり、気づかい、愛情がある。この先生のことばには、相手への否定的な感情がこもっている。自分では気づいていないだろうけれど自己嫌悪も秘められている。

人柄から自然に生まれるユーモア

ニイルは *Talking of Summerhill, Victor Gollancz, 1967* で書いている。

ユーモアは意図的に教室から排除される。なぜならユーモアは（大人と子どもの）上下関係をなくすからだ。

教師の威厳がユーモアを葬り去る。

ユーモアとは大人から子どもへの好意と愛情である。

最もよい教師は子どもと共に笑う。

最もよくない教師は子どもを笑う。

ニイルのことばから解釈すると、ユーモアとは、たんにうまい言い回しやジョークというよりも、人柄、しぐさ、表情そして雰囲気から自然に醸し出される可笑しみや愉快さ、といってよいだろう。威厳にこだわる権威主義の教師から素敵なユーモアは生まれない。

ある日の中学校で

教師「おや，アンディ君。今日も遅刻かね。遅刻の理由は何だい。」

生徒「すみません。先生。実は自転車に乗り遅れてしまいまして。」

教師「なるほど。明日は三輪車には乗り遅れないようにね。」

―― 37 ――

子ども中心の教育を始めたデューイの名言「教育のコペルニクス的変革」

■衝撃の事実――勉強が楽しい子は二%

下の図は、私が三十年ほど前に行った小学生の生活についての調査の一部である。学校でいちばん楽しいのは学習、と答えた子は、大阪では五十人に一人、農村でも二十人に一人しかいない。

学校とは、子どもたちの学習を第一の使命とする施設のはずなのに！

「勉強がいちばん楽しい。」

子どもの三分の一がこう答えるような学校が欲しい。そう願う大人たちが「新しい学校をつくる会」をスタートさせた。

一九八四年九月二六日のことだ。

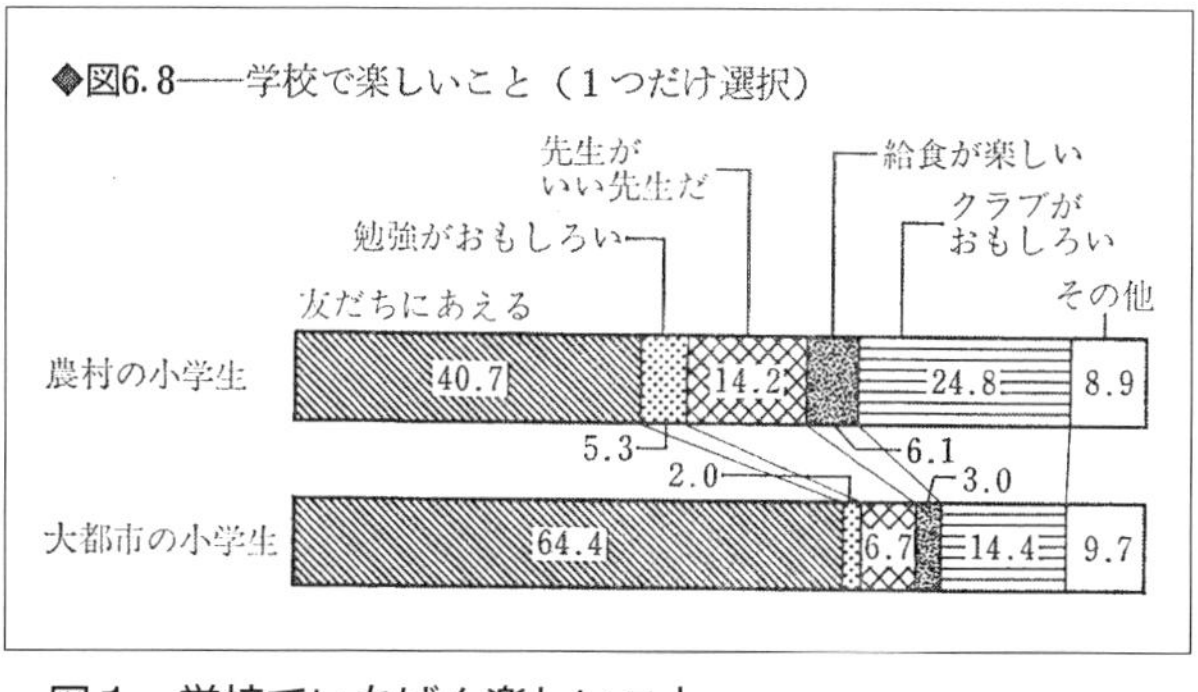

図1　学校でいちばん楽しいこと
(1984 年，福井県と大阪市の小学 4-6 年生)

コペルニクス的転回

シカゴ大学に実験学校を創設するにあたってジョン・デューイは宣言している。

旧教育は、これを要約すれば重力の中心が子どもたち以外にあるという一言につきる。重力の中心が、教師・教科書・その他どこであろうとよいが、とにかく子ども自身の直接の本能と活動以外のところにある。

今日、私たちの教育に到来しつつある変化は、重力の中心の移動にほかならない。それはコペルニクスによって天体の中心が地球から太陽に移されたときと同様の変革であり革命である。子どもが太陽となり、その周囲を教育のさまざまな装置が回転する。

（デューイ、宮原誠一訳『学校と社会』岩波文庫）

さて、子どもたちが学習の中心になって「おもしろい」「楽しい」と感じるにはどうしたらよいか。

プロジェクトの誕生

デューイはシカゴ大学に附属小学校（通称「デューイ・スクール」）を開設するにあたって、その趣意書の中で書いている。

すべての教育の究極の課題は、心理学的要因と社会学的要因を調和的にはたらかせることだ。（同前）

心理学的要因とは、子ども個人の好奇心、活動性、モチベーションなどである。

社会学的要因とは、彼の生きてすむ社会的環境の中の重要な事象や関係に参画することだ。

デューイは、この二つの要因を調和させる具体的な方法として「活動的な仕事」を提唱した。これが我が子どもの村の「プロジェクト」の源泉である。

新しいことを知るのは嬉しい。思わず笑みがこぼれる。

自由学校だから学力が育つ

子どもの村の学習では、教師が知識を伝達するのではなくて、好奇心旺盛な子どもたち自身が、生きていくのに必要なホンモノの仕事に熱中する。子ども自身が問題に気づき、それに挑戦し、みずから答えや解決策に気付いていく。この子らは、さまざまなことに興味を持ち、いつまでも自己教育を続けていく。デューイのことばでいえば「成長を続ける」（グロウイング）のだ。

図2（次頁）は、開校二五周年にあたって学園の子どもたちに、図1（一四五頁）と同じ質問をした時の回答である。五八％の子が「学校でいちばん楽しいのは授業」と答えている。また表1（次頁）

にはっきりしているように、中学校の卒業生たちは、進学先でびっくりするような成績を上げている。

■気になる保護者たち

残念ながら学園の保護者の中には、ごく少数だが、以上の建学の理念をしっかり理解しないで、受験学力のことをあれこれいう人がある。くわしくは次項で。

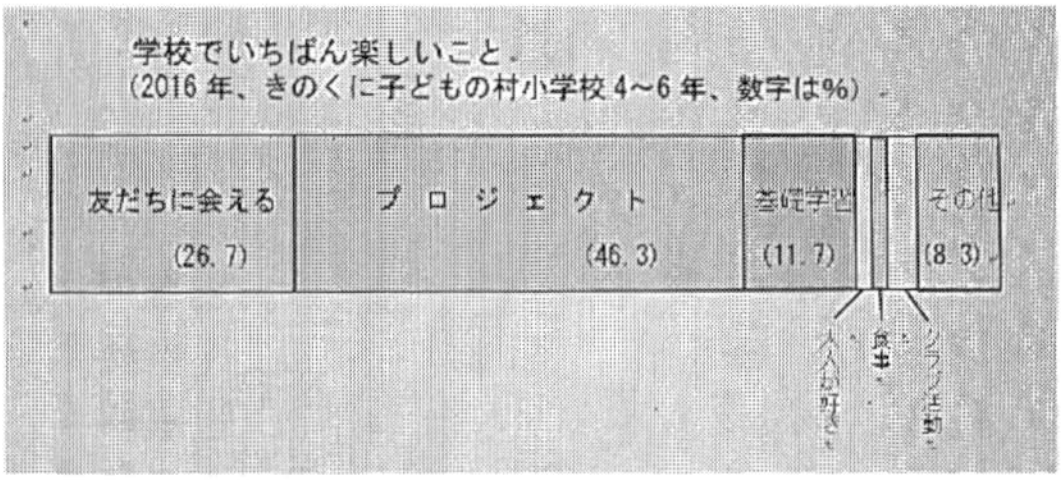

図2　学校でいちばん楽しいこと
(2016年，子どもの村小学校4-6年生)

年度	学年平均人数	卒業生平均順位
2009	238	28
2010	214	17
2011	287	33
2012	194	17

表1・中学校卒業生の進学先での成績
(中間試験・期末試験での平均成績順位)

探究する学習をめざしたデューイの名言「過去の価値の伝達は教育ではない」

■子どもの村からは有名大学に入れない?

ある女の子が小学校卒業のあと、中学校へ進まずに転校した。理由は、有名大学に入りたいからだという。転出先は、校長が「我々の学校では(大学受験の)結果がすべてだ」と公言してはばからない私立校だ。

この女の子は不幸な勘違いをしている。体験学習中心の子どもの村の卒業生には、彼女があこがれるような「有名大学」に学んでいる者もたくさんいる。そして前項で紹介したように、子どもの村には「学校では授業がいちばん楽しい」と答える小学生が六割いて、しかも高校に進学すると、すごい成績を収めているのだ。

同じことが「世界でいちばん自由な学校」といわれるサマー

ジャンボすべり台づくり。国語,算数,社会,理科など多方面の学習がいっぱい詰まっている。

試験	段階		A（男）	B（男）	C（女）	D（男）	E（男）	F（女）
GCE（普通レベル）	A				HB			
	B		物理、HB	物理		デザイン	数学、英語、SE	
	C		生物	数学	独語*、生物			SE
	D				仏語*			
	E	1	科学、英語	デザイン、HB	英語、数学			
CSE		2		物理				HB
		3						
		4				数学		
		5						
					ドイツ国籍 *会話は上級レベルに合格	ドイツ国籍		GCE 英語不合格

ヒルでも起きている。次の表でもはっきりしているように、「授業に出る出ないの自由」を徹底しているのに、普通の学校の生徒よりもよい結果を出しているのだ。

サマーヒルの生徒の学力

上の表は 1981 年の英国の共通学力検定を受けた時の成績である（15 歳の 6 名が受験）。

GCE と CSE の 2 種あり，前者の最低合格と後者の最高合格のレベルが同一になるように作成されている。**CSE の 4 段階合格ライン（網かけレベル）が全国の平均学力。**サマーヒルの学力は一般の中学生に負けていない。むしろ上を行っている。

（堀真一郎『ニイルと自由な子どもたち』黎明書房）

■ートンの理論よりーオンスの経験

子どもの村やサマーヒルの子どもたちは、世間で後生大事にされているタイプの「学力」でも負けていない。なぜか。

それは、学ぶことへの嫌悪感がほとんどないからだ。むしろ大部分の子にとって、授業（プロジェクトと基礎学習）が学校でいちばん魅力のある活動と感じられている。先の私の調査では、この割合は普通の学校では、二〜五パーセントにすぎない。

学習活動の魅力の源泉、それは旺盛な好奇心、知恵を絞り工夫する楽しさ、そして成果を確認する喜びである。

■おぼえる学習から探求する学習へ――古い学力観から自由になろう

教育とは、前の経験があとの経験を導くように経験を不断に再構成することである。

（デューイ、松野安男訳『民主主義と教育』岩波文庫）

唯一の永続的価値のある自由は知性の自由である。

（デューイ、市村尚久訳『経験と教育』講談社学術文庫）

子ども自身の思考という要素を持たない経験には教育的価値はない。

きのくに子どもの村は、サマーヒルのニイルと、アメリカのデューイに学んでつくられた学園だ。学習面では、右のようなデューイの理論を基礎にしている。教師が知識や技能や価値観を子どもに伝達するという古い学習観を捨て、子ども自身が好奇心を抱いて実際的な問題に挑戦し、創造的に考える態度と力が育つのを支援しようとするのだ。

（同前）

過去の価値の伝達は教育ではない。教育とは新しい価値の創造である。

（同前）

結果として学ぶ喜びが醸成され、多方面の知識や技術が知的財産として蓄えられる。

世の中の多くの人にとって、この考えは受け入れにくい。親や学校によって刷り込まれた古い概念（フロイトの超自我）に縛られていて、しかもそのことに気付くのを恐れるからだ。残念ながらごく少数だが、子どもの村の保護者にもそういう人がある。とくに困るのは、受験勉強を強いたり、学習塾へ通わせたり、子どもの村だけでは不十分だと思い込んだりしている心理的に不自由な人である。

子どもは二人の神様に同時にお仕えすることはできない。

（ニイル『問題の親』）

39 子どもから学ぶ姿勢を貫いた鰺坂二夫の名言「教育学は、そこに子どもがいるという現実から出発する」

■子ども不在の教育学

「堀先生のご講演は、多くの本学会員にとってはいろいろな意味において刺激的で大いに興味と関心をひく……」

かつて、名古屋大学で開かれた日本デューイ学会のシンポジウムで基調講演した時の進行役の先生のことばである。

私は、子どもの村の実践に共感し、高く評価してくださることをありがたいと思うと同時に複雑な思いに駆られた。複雑な思いというより失望感といった方がよいかも知れない。

その失望感というのは、この進行役の先生のことばが原因ではない。デューイ学会の体質にかんするものだ。デューイの教育論における最も大事なキーワード、それは「為すことによって学ぶ」（ラーニング・バイ・ドゥイング）である。つまり子どもたちが問題場面に直面して、観察し、仮説を立て、結論を練り上げ、それを実際の行動によって検証する。専門的なデューイ研究者でなくても熟知の事実であるはずだ。

しかしながらデューイ研究者たちは、文献研究や思弁哲学に走るばかりで、具体的な教育実践をしない。極論をいえば「為すこと」なしのデューイ教育学の研究は、自己矛盾も甚だしい。デューイ自身はシカゴ大学に実験学校をつくって仮説を検証したではないか。

教育学か教育学学か

実際の教育そのものや子どもたち自身から逃避して思弁に走るのはデューイ研究者だけではない。理論は検証されるまでは仮説である。検証なしの教育論のなんと多いことか。

ついでにもうひとこと。特定の教育思想家や教育実践の一部を切り取って丹念に分析して論文を書く研究者も少なくない。こういうのは教育そのものの研究つまり教育の学というより、教育学の学、すなわち教育学学というべきであろう。それによって現実の子どもたちの幸福がどれだけ増進するだろうか。

鰺坂二夫先生は、私の京都大学時代の指導教授である。先生からいただいた最も大切な教えは「子どもから学ぶ」

ジャンボすべり台の初すべり。大仕事をやり遂げた喜びで笑いが止まらない。

という姿勢だ。「子どもの笑い声が聞こえる教育学」あるいは「子どもの息づかいが感じられる教育学」をせよ、とおっしゃったのだ。

子どもとはどんな存在だろう

鯵坂先生は、京都大学の定年ののち、一三年の長きにわたって甲南女子大学の学長を務められた。そのある日、学長室に先生を訪ね、学校づくりを始めますと申し上げた。すると先生はあの大きな声でいわれた。

「堀くん、それはいい。がんばってくれたまえ。私にはできなかった。」

そして、つくる会の会合の際の茶菓子にでも、といって一万円をくださったのだ。忘れられない思い出である。先生には私たちの学園の理事への就任も快諾していただいた。

先生は、次のようにいわれている。

　　教育学は、子どもがそこにいるという現実から出発しなければならない。
　　　　　　　　（鯵坂二夫『教育学』ミネルヴァ書房）

さて、先生のいわれる「そこにいる子ども」つまり現実の子どもとはどんな存在なのだろうか。いちばん大事なことを三つあげるとすると……

1　一人ひとり違った存在である。子ども一般というものはない。

2　成長したいと願っている存在である。大きくなりたい、たくさん知りたい、いろいろなことをできるようになりたい。

3　好奇心旺盛で、活動的で、やかましく、そして繊細で傷つきやすい存在である。

●鰺坂二夫（あじさかつぎお）：一九〇九〜二〇〇六年。鹿児島県に生まれ、京都帝国大学文学部教育学科卒業。一九五九年、京都大学教育学部教授。その後、甲南女子大学学長、デューイ学会会長、学校法人きのくに子どもの村学園理事。著書に、『教育原論』『デューイの教育学』『ペスタロッチの教育思想』『ルソーの教育思想』（以上、玉川大学出版部）などがある。

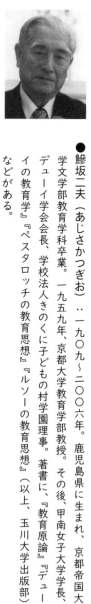

——40——

戦後の美術教育をリードした創造美育協会の名言「子どもの絵が生まれてくる生活が大事なのだ」

■写実か印象か

だいぶ前のことだが、六歳の男の子が鉛筆でガンダムの絵を描いた。テレビで大人気の機動戦士である。彼は毎週木曜日に新しく発売されるプラモデルに小遣いのすべてをつぎ込んでいたのだ。絵の出来栄えはなかなか立派で、主人公の特徴をよくつかんでいた。しかし、そこで母親が不用意なひとことを口にしたのがよくなかった。

「えらい短足のガンダムだね。」

確かに彼の絵のガンダムはひどく足が短かった。彼は泣いて怒った。そして消しゴムを持ってきてすべて消してしまった。「かきなおす」というのだ。しかし十五分後に出来上がったガンダムは、すぐ目の前にプラモデルがあったにもかかわらず、その前のとまったく同じ寸法であった。

この子は、現実に存在するガンダムの模型の寸法よりも、彼の心の中に実在するイメージにしたがって描いたのだ。こういう子に「よーく見て描きなさい」などといってはいけない。

表現とは何か

表現とは、英語ではイクスプレッション（expression）という。つまり心の内面を外へ形で現わにするという意味だ。その形は絵とは限らない。音で、体の動きで、影像などの工作物で、遊びの中で、あるいはまた文章で、私たちは心の中を表現する。それに触れた人は、作者の内面を理解したり共感したりする。こうして多くの人々に、そして長く共感を与える作品が、名作として受け継がれていく。私たちはだれでも、一生の間に何度も読み返す文学を持っている。その作品がそのたびに私たちの心の奥の何かに触れ、そのたびに何かしらの解放をもたらすからだ。

外にある事象が私たちの中に形をとって受け入れられるとき、それを私たちは印象（impression）と呼ぶ。子どもたちが何かを見て、それを形に表すとき、その子の内面の

両方とも小学５年男児が工場の様子を描いた作品です。あなたはどっちに共感しますか
（創造美育協会愛知支部編『原色　よい絵・よくない絵事典』黎明書房）

印象が形になって現れる。それは、その事物の再現ではない。「よーく見て描きなさい」と子どもに迫るのは犯罪である。

美術教育の二つの立場

まず子どもを幸福にしよう。すべてはそのあとにつづく。

（ニイル『問題の子ども』）

戦前の管理主義と国家主義に貫かれた教育を反省し、子どもたちの心の中をしあわせにしよう。そんな学校を作ろう。

昭和二十年代半ば、このように考える熱心な小学校教師らが創造美育協会（創美）を発足させた。霜田静志訳『ニイル叢書』（講談社）やホーマー・レインの『親と教師に語る』（小此木眞三郎訳、文化書房博文社）がよく読まれた。

子どもの絵が大事なのではない。子どもの絵が生まれてくる生活が大事なのだ……。

（創造美育協会綱領）

子どもの心の中を幸せにするには、そのための生活と教育が必要だと訴えたのだ。

創造美育協会は、東京、静岡、愛知、福井などに会員をふやし、多い時には三〇〇〇人近くになった。しかし昭和三十年代に入り、能力主義と管理主義が強化され、絵の指導によって認識能力を育てようという「新しい絵の会」から批判（「解放か認識か」論争）を受けるなどして勢いをなくしてきている。現在では保育所関係者に熱心な人が多い。創美創立の学校は実現しなかったが、子どもの村の学園長は昔からの会員である。

参考文献（創造美育協会関連）

1 『原色　よい絵・よくない絵事典』創造美育協会愛知支部編、黎明書房

2 『児童画と教師』久保貞次郎、文化書房博文社

3 『幼児の絵は生活している』宮武辰夫、文化書房博文社

4 『絵を描く子供たち―メキシコの思い出』北川民次、岩波書店

5 『幼児画のはなし』創造美育協会静岡県支部編集

―― 41 ――

リトル・コモンウェルスの所長、ホーマー・レインの名言「われわれは、子どもの味方にならなければならない」

■共和国という名の少年院

リトル・コモンウェルスの中心部。現在はフランシスコ派の修道院。

第一次世界大戦中のロンドンで、ティムという十五歳の少年が裁判所で少年院送りの判決を受けた。その少年院は、三〇〇キロ以上離れた田園地帯に新設されたばかりだ。名前を「リトル・コモンウェルス」という。小さな共和国という意味だ。所長はアメリカ人のホーマー・レインという。フォード・リパブリックという少年院での実践が注目されイギリスへ招聘された。

二つの名前が示す通り、レインは収容された少年少女を犯罪者としてではなく、国民あるいは市民として扱った。権威や権力に管理される存在ではなく、社会の構成者として生きる力と夢と誇りとを持った大人へと育つ環境を用意しようとしたのだ。

非行少年を信じ切る

ティムは、保護観察中に盗みを働いて裁判にかけられた少年だ。普通は腰に縄を打たれて施設へ連行される。しかし、レインは彼にお金をわたしていった。

「法廷に来てくれたお母さんを自宅まで送ってから、明日の朝、自分で私のところへ来たまえ。」

次の日、少年は笑顔で到着して交通費の釣銭をレインに返した。

リトル・コモンウェルスには、この「国」だけの通貨（下写真）があった。「国民」は農作業などの仕事に従事すると、この通貨で賃金を支給され、外部で使いたい時には両替をしてもらう。園内のさまざまな問題は全員参加のミーティング、つまりこの国の国会で討議された。

〝生涯最大の一里塚〟

一九一七年、陸軍に召集されていたニイルは、週末にここを見学して仰天した。すでに『教師の手記』（堀真一郎訳『クビになった教師』黎明書房に所収）などで子ども中心の考えを持っていたが、これほど徹底した実践が可能とは思っていなかった。それだけではない。彼はレインから精神分析の世界へ導かれたのだ。ニイルがレインから得た最大の教訓は「徹底して子どもの味方になる（子どもの側に立つ）」という発想だ。ニイルは、いっている。

「われわれは、子どもの味方にならなければならない。」

これがレインの残した不滅のことばだ。

（ニイル、堀真一郎訳『新訳ニイルのおバカさん』黎明書房）

そして、ニイルは、リトル・コモンウェルスとの出会いを「生涯最大の一里塚」と呼んでいる。

■レインのことば

自由は与えることができない……自由は子ども自身の手で獲得される。

子どもが自由であればあるほど、彼はますます思いやりのある社会的な子どもになり、彼の根本的本能は常に新しい困難の征服を求めて、いっそう価値のある社会的活動に集中されるだろう。

従順は最悪の徳目である。

（ホーマー・レイン、小此木眞三郎訳『親と教師に語る』文化書房博文社）

反社会的な少年少女に対して、罰を与えたり道徳を説いたりするのではなく、共同生活の中で創造的な活動に専念することこそ、人生にとって有益であり、しかもさまざまな領域への興味・関心へと広げるのに有効である。レインはこの考えを実験してみせた人である。

●ホーマー・レイン：一八七六年〜一九二五年。アメリカのニューハンプシャー州に生まれる。母親に反発して家出。セッツルメント活動に参加した後、フォード・リパブリック所長。一九一三年にイギリスに招かれ、リトル・コモンウェルス所長。一九一八年に閉鎖された後はロンドンで分析治療などにあたる。パリで死去。著書に、*Talks to Parents and Teachers*（『親と教師に語る』）がある。

── 42 ──

きのくに子どもの村学園の名言「一人ひとりがみんなと自由に」

■自由学校なのになぜ多くの決まりが？

ニイルのサマーヒルを初めて見学したある日本人が憤慨していった。

「世界でいちばん自由な学校だと聞いたのに、どうしてこんなに決まりが多いのか。これじゃ規則の普通の学校と同じじゃないか。」

確かにサマーヒルにはたくさんの決まりがある。例えば、学園から街へ出る規則も驚くほどこまかい。

◇十一歳までの子は、一人で街へ出てはいけない。
◇十二歳の子は一人で街へ出ることができる。
◇十三歳の子は一人の十二歳未満の子を連れて街へ出ることができる。
◇十四歳の子は二人の十二歳未満の子を連れて街へ出ることができる……。

こういう具体的で詳細にわたる多数の「校則」は、週一回の定例の全校集会で決まる。このこまかい決まりは、子どもたちを縛るのが目的ではない。むしろ安全に街へ出るための工夫の結果として生まれたものだ。いいかえれば、自由の確保と増幅がねらいである。

自由学校だからこそ決まりが多い

子どもの村でも同じだ。和歌山では、現在(二〇一九年四月)、みんなで決めた「決まり」が、一〇〇以上ある。例えば食事の時以外の食堂の決まり。

◇(通り道にもなっているので)ボールは蹴らない。

◇やわらかいビニールボールは蹴ってもよい。

◇バドミントンは南側半分を使う。ほかの人が通りかかる時は無理をして羽を打たない。

◇小学生だけでクライミングボードを使わない、などなど。

ところで無人島に取り残されたロビンソン・クルーソーは、「私は自由だ」と感じただろうか。たしかに個人の行動を無理に規制されることはないだろう。しかし共に生きる仲間がいてこそ自由は多くなる。心を通わせ、時には力を合わせていろいろな問題を解決して幸福を増進する時に、私たちはより大きな自由を感じるのではないだろうか。

子どもの村でもサマーヒルでも，採決では大人も子どもも同じ一票。

よい決まりよくない決まり

私たちは、交差点に差しかかると赤信号で止まり、青信号で前へ進む。その方が人も車もスーズにわたれるし、事故や混乱も少なくて済む。みんなで信号を守るほうがお得なのだ。

サマーヒルや子どもの村の決まりも同じだ。決まりを作っておいたほうが、よいことがより多くなり、いやなことがより少なくなる。そのように考え、しかもいろいろな場合や状況を考慮してつくれば、その決まりや約束は必然的にこまかくなる。

このようにしてできた規則は上から与えられた規則とはちがう。自分たちで作った規則だ。子どもたちは、こういう規則を大事にする。規則だから守るのではない。これがみんなの幸福を増進するのに役に立っていると感じ取っているから大切にするのだ。みんなで作って、みんなで得をする規則。こういうのが、子

バンガローを建てています。話し合いを通して目標を共有し，役割を分担して共に汗を流す。でっかい夢に向かって前進だー！

どもの村の規則でありつづけるようにしよう。

■先人のことば

週一回の全校集会は、一週間全体の教科のカリキュラムよりも価値がある。

（ニイル『恐るべき学校』）

自分たちの生活を豊かにし、人間関係を楽しくするにはミーティングの方が徳目主義の道徳よりはるかに有益である。

自由は与えることができない。自由は子ども自身の手で獲得される。

（ホーマー・レイン、小此木眞三郎訳『親と教師に語る』文化書房博文社）

大人はよく「よく考えて行動せよ」という。しかし大人の言う通りにしていては考える力はつかない。

唯一の永続性のある自由は知性の自由だ。

（デューイ、市村尚久訳『経験と教育』講談社学術文庫）

知識や行動様式を自ら発送し、みつめ、仮説を立てて実践する力、それが知性というものだ。記憶する力ではない。

―― 43 ――
いつまでも若い心を失わずにいたニイルの名言「九十歳の若者、二十歳の老人」

■三十歳までは親に心配かけるのが親孝行

私は、中学三年生の英語の時間にしばしば脱線する。以下は、毎年恒例の脱線の一例。

「みなさんのお父さんやお母さんの中には、〝早く一生の目的を決めなさい〟という人もあるだろう(何人もがうなずく)。気にしなくていいよ。昔は二十歳までに一人前になれといわれた。それは平均寿命が五十歳の時の話だ。今は、八十歳、九十歳の時代だ。同じ割合で計算すれば三十歳で一人前でも十分なはず。

だからあまり早く自分の人生を固定しないほうがいい。三十歳まではいろいろ挑戦してみよう。失敗したらやり直せばよい。時間はある。

親にはせいぜい心配をかけろ。現代は少子化の時代だ。あまり早く立派になって親元を去ると、親がボケるよ。」

■若年寄りからの脱皮

日本教育カウンセリング学会の会長であった國分康孝さん（一九三〇年〜二〇一八年）は、ニイルの本との出会いに衝撃を受けた人だ。

ニイルは、私の反逆、私の独立、私の新生の記念碑である。

（國分康孝『教師の教師』瀝々社）

國分さんは、子どもの頃からまわりに逆らわず教えられた通りに成長した。心理学的に不自由な「若年寄り」だったと、たびたび述懐していた。その國分さんに衝撃を与えて「反逆、独立、新生」を促したのがニイルであった。

■いつまでも若い人

國分さんと私の共通の師である霜田静志先生からニイルの自伝の翻訳に誘われた時、ある日、手紙が届いた。

「○○ページと○○○ページの英語がわからない。教えてください……」

びっくり仰天した。何十冊もの著作と翻訳のある大先生が二九歳の若造に英語を教えてくださいとは！「お若いなあ」と感動した。先生が八十歳の時である。

ニイルは「すべての迷信、因習、偽善をかなぐり捨てた時、我々は教育を受けたといえる」と書いている。先生は、固定観念やとらわれから自由な人であった。

文豪ゲーテは七十歳を過ぎて十七歳の少女に求婚した。あの「野ばら」のモデルであった少女へのみずみずしい想いを生涯にわたって持ち続けたのに違いない。

W・マイヤー=フェルスターの『アルト・ハイデルベルク』では、博士が主人公に諭している。「いつまでも人間でいなさい……若い心を持ち続けるのです。」

そして、ニイルもいっている。

私は、九十歳で二十歳の若者も、二十歳ですでに六十歳の老人も知っている。

(ニイル『自由な子ども』)

■三歳児の反抗に学ぼう

一一九頁でも紹介したが、学園の理事であった平井信義さんが断言している。

親に反抗する幼児は、自我が順調に発達しているよい子である。

(平井信義『子どもに「まかせる」教育』明治図書)

三歳児の反抗は、それまで安心して暮らしていた親の心理世界から外の新しい世界への船出の企てである。ほかに目的はない。それ自体が目的だ。だから、いろいろなことに興味を持ち挑戦を続ける。やってみる。失敗しても繰り返す。（反抗するくせに、それまでより甘えることもある。外の世界に不安を感じるからだ。）第二次反抗期と呼ばれる思春期、それに続く青年時代、そして、人によっては一生が素晴らしい反抗期である。

子どもという存在は，むずかしいからこそ挑戦するのだ。（きのくに子どもの村小学校の「昔の家づくり」。かや葺きの屋根と土かべに苦労した。）

44

きのくに子どもの村学園の名言「学校の食事は黙って食べてはいけない」

給食は十分で食べよ

かつやま子どもの村の楽しい昼ごはん。おしゃべりに花が咲く。

つい最近、学園職員の勉強会で関西学院大学の桜井智恵子さんから恐ろしい話を聞かされた。

西日本のある県の小学校では、給食の時間が十分～十五分しかないらしい。こんなに短時間なのに先生は「よく噛んで食べなさい」という。そんなことはできるわけがないから、子どもたちは飲み込むしかない。食事の量はどの子も同じだ。選ぶことはできない。もちろんおしゃべりは禁止だ。子どもたちは教師の目を気にしながら、あるいは互いに監視しあって食べる。食べるというより飲み込む。小学校によっては、時間内に終わらない子にサランラップが配られ、まだ残っている分をそこにのせて食べるのだという。食器類はただちに回収され、早々にあとかたづけが始まる。食事担当職員の勤務時間をきりつめるためだそうだ。とても信じられない話だが、県全体でこういう方向に進んでいるらしい。

食事こそは社交の場

子どもの村の学校では、まるで正反対だ。まず時間がたっぷりある。早く食べ終わる子もあるが、たいてい三十―四十分かけてゆっくり食事を楽しむ。黙りこくって食べてはいけない。大きい子、小さい子、そして大人がテーブルを囲んでおしゃべりを楽しみながら食べる。

給食とは何だ?

バイキング方式なので、嫌いなものや食べられないものは取らなくてもよい。十五分（または二十分）たつと「お代わりタイム」だ。半分以上の子がお代わりをする。

私たちは「給食」ということばは使わない。「ひるごはん」または「おひる」と呼ばれている。ひるごはんは、たのしい社交の時間なのだ。

広辞苑によると給食とは「学校や工場で生徒・工員に食事を支給すること」である。「支給」とは「あてがいわたすこと」だ。「あてがう」とは「見計らって与えること」である。要するに給食とは、大人が決めて子ども全員に配分するもののようだ。子どもが決めたり選んだりして楽しむものには程遠い。

給食ではなくディナーと呼ぼう

イギリスの学校では給食ということばは使わない。ディナーということが多い。一日のメインの食事という意味だ。ランチともいわない。ランチには軽食という意味も含まれているからだ。ディナーは、子どもたちの体位の向上を目的として一九〇六年に始まった。しかし全員が食べるとは限らない。家へ食べに帰る子や弁当を持ってくる子もある。もっとも現代では学校で昼を食べる子が圧倒的に多いようだ。

大きな学校では調理は学校の調理室でおこなう。ディナーの方式は、ファミリー・シッティングとカフェテリア方式の二つがある。前者ではクラスが解体されて、最上級生がお父さん役とお母さん役を務める。テーブルごとに配られた食材を、この二人が、量などの希望を聞いて取り分ける。

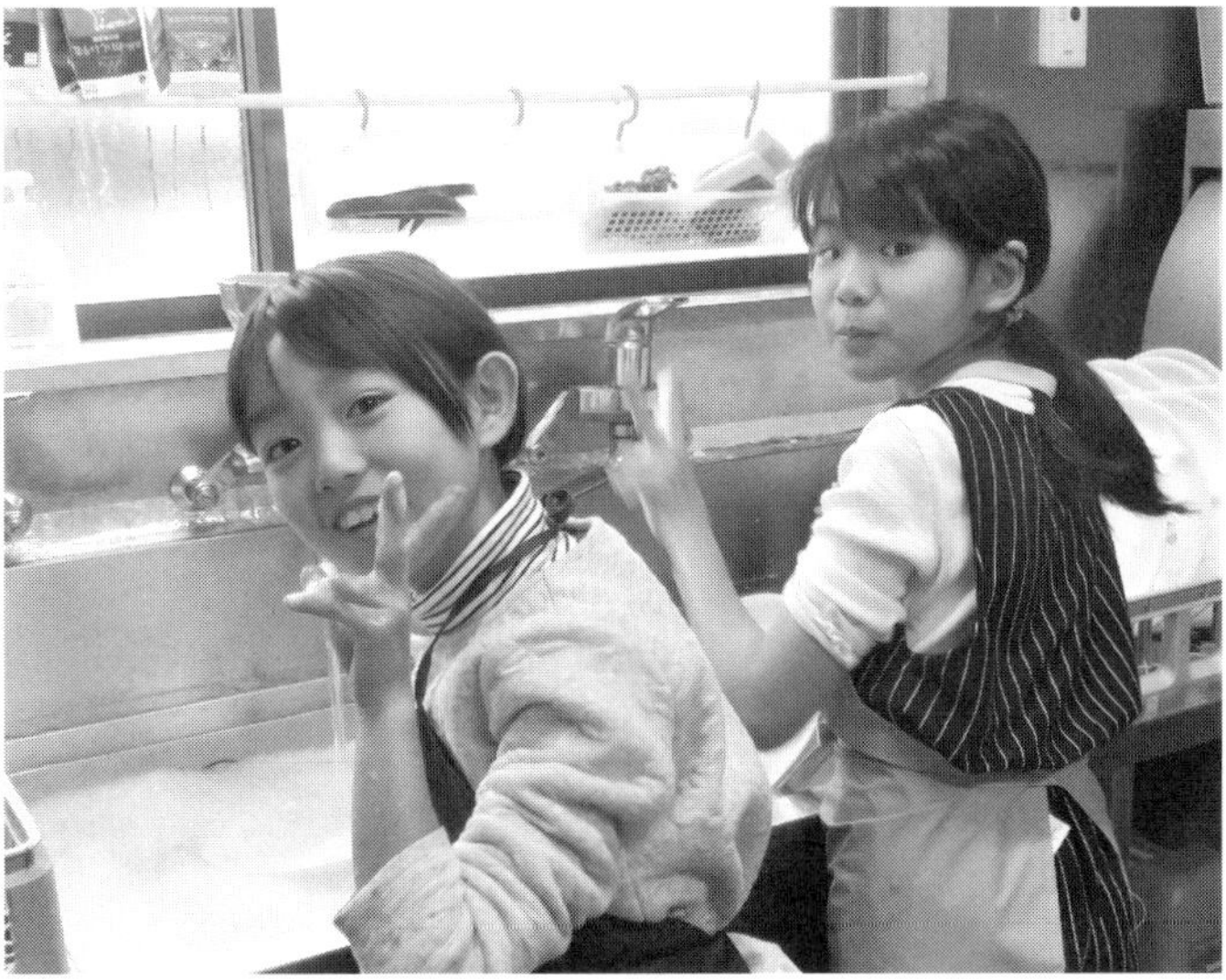

寮の朝ごはん当番はたのしい。(かつやま子どもの村小学校)

子どもたちは、落ち着いて静かにおしゃべりを楽しむ。校長や見学者はお客様として招かれる。ナイフ、フォーク、皿などはホンモノ（せともの）で、テーブルクロスがかけられるところも珍しくない。アメリカでも同じで、決められた量を短い時間に沈黙を守って食べるところはほとんどないらしい。

■参考までに学校給食の目的「学校給食法」第2条

(1) 適切な栄養の摂取による健康の保持増進を図ること。
(2) 日常生活における食事について正しい理解を深め、健全な食生活を営むことができる判断力を培い、及び望ましい食習慣を養うこと。
(3) 学校生活を豊かにし、明るい社交性及び協同の精神を養うこと。
(4) 食生活が自然の恩恵の上に成り立つものであることについての理解を深め、生命及び自然を尊重する精神並びに環境の保全に寄与する態度を養うこと。
(5) 食生活が食にかかわる人々の様々な活動に支えられていることについての理解を深め、勤労を重んずる態度を養うこと。
(6) 我が国や各地域の優れた伝統的な食文化についての理解を深めること。ほか

―― 45 ――

思想と行動の人、ジョン・エッケンヘッドの名言「人は、やさしくなるためには強くなければならない」

■売国奴は許せない！

第二次世界大戦まっただ中のある日のことだ。

キルクハニティ・ハウス・スクールの創始者のジョン校長は、町での用事を済ませて学校へと車を走らせていた。すると数人の若者が両手を広げて行く手を遮った。彼らはジョン校長を車から引きずり出すと、口々にののしりながら殴る蹴るのリンチを加えたという。

「召集令状を無視するとはなんという卑怯者だ！」

「敵国の野郎を雇うとは一体どういうことだ。」

「おまえは売国奴だ。許せん！」とまあ、こんな調子でひどい目に遭ったのだ。

六四頁で紹介されているように、良心的拒否を申し立てたばかりか、敵国イタリアから生徒を受け入れたり、ドイツ人男性を教師として採用したりしたからだ。

世の中に戦争反対や平和維持を叫ぶ人は多い。しかし身の危険を冒してでも行動に徹する人はめったにいない。

思想か実践か

ジョンが師と仰ぐニイルもまた行動した人である。彼は「私は思想家（thinker）ではない。実践家（doer）である」と何度も書いている。しかし彼は二十冊もの本を世に送った。たんなる実践家ではない。実践を通して自らの教育観を確立していったのだ。その具体的な例を一つあげるなら、学校設立初期にあれほど信頼してした分析的心理療法についての見解を修正している（『恐るべき学校』）。ニイルは、思想を行動に移し、行動によって思想を作り上げる教育家であり教育学者であった。

オープンデイでバイオリンを披露するジョン校長（1977年，67歳）

冒頭のジョン校長のことば

人は、やさしくなるためには強くなければならない。

（ジョン・エッケンヘッド）

この意味はこうだ。

気持ちがやさしいだけでは足りない。やさしい行動ができる人が本当のやさしい人なのだ。

教育学の研究こそは「為すことによって学ぶ」で

私たちの子どもの村が多くを学んだもう一人のジョン、つまりデューイもまた行動を通して理論をつくる人であった。彼は一八九六年に自らが教授を務めるシカゴ大学に実験学校を創立したのだ。「一オンスの経験は一トンの理論に勝る」ということばで象徴される彼の学習論は、しばしば「為すことによって学ぶ（Learning by Doing）」と呼ばれてきた。子どもたちが具体的な問題場面に直面して知恵を働かせ、仮設を立て、結論をまとめ、実行して確かめるのだ。その理論をデューイは実験学校でまさに「為すことによって」打ち立てた。

じっさい、教育学史に名をのこす偉大な人たちは、みな学校をつくったのだ。ルソーだけが例外だが、彼は一人の少年の育成を具体的に構想した。

ジョン校長流にいえば、立派な教育理論家とは、その理論を実行してみせた人のことだ。

——46——
能を大成した世阿弥の名言「初心忘るべからず」

■初期理想の後退

スコットランドの公立中学校での奮闘の末に退職に追い込まれたR・F・マッケンジーは、著書の中で嘆いている。

かつての進歩主義学校の輝かしい約束のほとんどは、既成支配体制の荒波の下に沈んでしまった。唯一の例外としてニイルは、押し寄せる高潮の上に頑固に頭を出し続けている。その他の革新的な学校は、さまざまな妥協を積み重ねることによって平安を見出した。

(*R. F. Mackenzie : State School, 1970*)

マッケンジーは、公立小学校での大胆な実践を認められて、アバディーン市に新設された中学校の校長の抜擢された人だ。サマーヒルの理念を実験しようとして、部下と当局の抵抗によって職を追われた。ロンドンでは、マイケル・ドゥエインが同じようにして追放された。二人は「公立のニイル」と呼ばれることがある。

■ 妥協を強いられる

筆者の知るイギリスのユニークな私立校やフリースクールのいくつかも姿を消した。生き残った学校は、生き残るために当初の理想の修正や断念を迫られた。日本でも開校準備中も開校後も同じようなことが起きている。その原因はいろいろある（単独とは限らない）。

◇経営上の困難からの教育目標の修正・妥協

これがいちばん大きい。開校ののちに「不登校の子や非行少年どうぞ」と方向転換したケースなど。

◇仲間割れ、職員間の争い

体験学習を「プロジェクト」と呼ぶか、「プロジェクト学習」と呼ぶかがきっかけで学校づくりを去った人、「昼食にはインスタントラーメンも用意すべきだ」と譲らない人などなど。

◇当局の干渉

キルクハニティの場合、これが最大の原因。特に施設の不備と授業の在り方が問題とされる

南アルプス子どもの村小中学校（2009）

ことが多い。サマーヒルの場合は「授業に出る出ないの自由」が目の敵にされた。

◇報道スキャンダル

個人攻撃や過去の問題。校長の妻がかつてヌードモデルだったと暴露されたケースもある。

◇私立校かフリースクールか

子どもの村は、「あるべき姿の普通の学校」であることを標榜するために、私立学校としての認可にこだわり続けた。

◇政治団体からの横槍とお誘い

「教科書を使わないのはけしからん」といった非難など。

◇「学力」の心配

しかし、子どもの村の中学卒業生の高校での成績は驚くほどよい。

◇会計上の問題など

学校法人は毎年、私学補助成を受けるので公認会計士の監査を受ける。経理をしっかりしておこう。

■学校づくりを成功させるための5か条

① 旗印を鮮明にする

理論武装といってもよい。教育目標(理想の子ども)とその実現のための基本方針、さらに具体的な組織、教育方法、施設、教職員組織などについてしっかり青写真ができていないといけない。これは内部分裂、共倒れ、信用の失墜などを防ぐための必須条件だ。

私たちの学校づくりの旗印の中核となっていたのは、「一人ひとりの子どもたちの自己決定と体験学習を中心にした正規の私立学校の設立」である。

② **寄付金に手を付けない**

準備段階開校での寄付金は「預り金」である。失敗すれば返済しなくてはいけない。学校づくりには膨大な資金が必要だ。金銭面はきれいにしよう。

③ **きびしい認可条件。しかし役所とは仲良く**

役所の人たちとは率直に話をしよう。へんな駆け引きは禁物だ。役所には親切な人も多い。

④ **親、子ども、教師**

当初の旗印にかなう人を選ぼう。子どもの意思、親の希望、教師の教育観と力量などを慎重に確認する。

⑤ **不断の自己点検**

「初心忘るべからず」（世阿弥『花鏡』）とは、初志貫徹などという勇ましい掛け声ではない。学校づくりを始めた時の思いや理想、そして実際的な教育目標や基本方針は揺らいではいけない。学校をつくろうとした時の思いを大事にし続けると同時に、実践上の具体的な諸問題にかんしては次々と現れる困難に機敏に、そして上手に対応しよう。

●著者紹介
堀　真一郎
1943 年福井県勝山市生まれ。66 年京都大学教育学部卒業。69 年同大学大学院博士課程を中退して大阪市立大学助手。90 年同教授（教育学）。大阪市立大学学術博士。
ニイル研究会および「新しい学校をつくる会」の代表をつとめ，92 年 4 月和歌山県橋本市に学校法人きのくに子どもの村学園を設立。94 年大阪市立大学を退職して，同学園の学園長に専念し，現在に至る。
主な著書と訳書
『新装版　きのくに子どもの村の教育—体験学習中心の自由学校の 20 年』（黎明書房，2022）
『教育の革新は体験学習から—堀真一郎教育論文集』（黎明書房，2022）
『新訳　ニイルのおバカさん—A.S. ニイル自伝』（黎明書房，2020）
『ごうじょう者のしんちゃん』（黎明書房，2020）
『新装版　増補・自由学校の設計—きのくに子どもの村の生活と学習』（黎明書房，2019）
A. S. ニイル『新版ニイル選集・全 5 巻』（黎明書房，2009）
『自由学校の子どもたち—きのくに子どもの村のおもしろい人々』（黎明書房，1998）
『きのくに子どもの村—私たちの小学校づくり』（ブロンズ新社，1994）
『教育の名言—すばらしい子どもたち』（共著，黎明書房，1989）
『自由を子どもに—ニイルの思想と実践に学ぶ』（編著，文化書房博文社，1985）
『世界の自由学校』（編著，麦秋社，1985）
『ニイルと自由な子どもたち—サマーヒルの理論と実際』（黎明書房，1984）
J. アルヴァン『自閉症児のための音楽療法』（共訳，音楽之友社，1982）ほか。

連絡先 〒648-0035 和歌山県橋本市彦谷 51 番地　きのくに子どもの村学園
☎ 0736-33-3370 ／ E-mail：info@kinokuni.ac.jp

自由教育《じゆうきょういく》の名言《めいげん》に学《まな》ぶ—子《こ》どもは一瞬一瞬《いっしゅんいっしゅん》を生《い》きている—

2023年4月25日　　初版発行

著　者　堀《ほり》　真《しん》　一《いち》　郎《ろう》
発行者　武　馬　久　仁　裕
印　刷　株　式　会　社　太　洋　社
製　本　株　式　会　社　太　洋　社

発行所　　株式会社　黎《れい》　明《めい》　書《しょ》　房《ぼう》

〒460-0002　名古屋市中区丸の内3-6-27　EBS ビル
☎ 052-962-3045　FAX052-951-9065　振替・00880-1-59001
〒101-0047　東京連絡所・千代田区内神田1-12-12 美土代ビル 6 階
☎ 03-3268-3470

落丁・乱丁本はお取替します。　ISBN978-4-654-02386-8